プロ野球の監督は中間管理職である

工藤公康

日本能率協会マネジメントセンター

はじめに
監督の仕事とは、チームを「勝たせ続ける」ことである

「これでいいのか?」皆さんはどれくらいの頻度で自分に問いかけていますか?

私は2016年の11月から繰り返し自分に問いかけることが多くなりました。

現役の頃から、自分の身体と会話するということでの問いかけはたくさんしてきましたが、異なるのはリーダーとしての自分への問いかけに変わったことです。

2015年。私が福岡ソフトバンクホークスの監督に就任して1年目のシーズンは、レギュラーシーズンで90勝を挙げ、2位の北海道日本ハムファイターズに12ゲーム差をつけるという圧倒的成績で、パシフィック・リーグ優勝を果たすことができました。

ホークスはそのまま、クライマックスシリーズと日本シリーズも制し、日本一に輝きます。

「よかった。監督としての役割を果たせた」

私は率直に、そう感じました。

しかしそれは、大きな間違いだったのです。

詳しくは序章に譲りますが、翌2016年シーズン。前半こそ独走していたホークスですが、最終的には、北海道日本ハムファイターズに大逆転を許し、2位に甘んじることになります。

「今年は、監督としての役割を果たせなかった……」

虚無感と悔しさが入り交じる気持ちを抱えながら、私は、就任時、孫正義オーナーにかけられた、ある言葉を思い出していました。

ホークスの監督に就任するにあたって、孫オーナーのもとへご挨拶《あいさつ》に伺った際、オーナーは私に、こう言いました。

「10連覇できるようなチームをつくってくれ」

読売ジャイアンツが１９６５年から１９７３年にかけて達成した、伝説の「Ｖ９」を超える目標です。

あまりに高い目標に、最初は大きなプレッシャーを感じましたが、それでも私は「実現できる！　実現するんだ！」と信じて監督業に取り組みました。

しかし、10連覇への道は、２年目にして途切れてしまいました。

監督は「勝たせる」だけではいけない。勝たせ続けなければいけないのだ。

勝ち続けるチームをつくらなければいけないのだ。

私は痛感しました。

思えばそれは、プロ野球の監督に限った話ではなく、あらゆる会社のリーダーに求められていることなのでしょう。

「今年は、私の部署は予算を達成できませんでした。でも去年は達成できたから、それでいいですよね」は通用しません。毎年、予算を課せられるからには、粛々と達成し続けるのがリーダーの役割です。

監督の仕事を「チームを勝たせること」ととらえていた私は、決して間違っていたわけではないのでしょうが、認識が甘かったのも事実です
「今年勝たせて、それでおしまい」ではいけない——。わかってはいたつもりだったのですが、本当の意味ではわかっていなかったのです。

2016年の失敗を踏まえ、私は、「勝ち続けるチーム」をつくるためにはどうしたらよいのか、そして「勝ち続けるチームの監督」とはどのような存在であるべきなのかを、真剣に考え直しました。

その試行錯誤の過程と、自分なりに「こうすればよいのではないか」と見出した「心構え」と「取り組み」を記したのが本書です。

「監督」という立ち位置、選手の育成・コミュニケーション、コーチ陣との連携、未来の構想……思い悩んだすべてを、本書に記したつもりです。

本書が、日々、マネジメントに試行錯誤しているリーダーにとって少しでも助けになるのであれば、著者としてこれに勝る喜びはありません。

２０２４年４月

工藤公康

序章

プロ野球の監督は「中間管理職」である

第1章
考える選手を育てる

第2章

常勝のためにやるべきこと

第3章

選手との目線をそろえる

第4章

コーチとの関係を築く

序章

プロ野球の監督は「中間管理職」である

自身の「立ち位置」を見つめ直す

「慢心」は知らず知らずのうちに生まれる

２０１５年、私が福岡ソフトバンクホークスの監督に就任して１年目のシーズンは、リーグ優勝、そして日本一という最高の結果で終えることができました。ホークスは前年の２０１４年にも、リーグ優勝と日本一を果たしています。私が監督就任１年目に得た成果は、緩《ゆる》むことなく自分を高め続けてくれた選手たち、その選手たちを最大限に支えてくださる孫正義オーナーと王貞治会長、そして前任監督である秋山幸二さんのおかげでもあるのは揺るぎない事実です。

監督は試合に出ることができません。その意味で、シーズンの主役は、一人ひとりの選手たちです。

しかし中には、コーチ経験もない新人監督であった私が、前年日本一のチームを引き継ぎ、前年と同じく「リーグ優勝、日本一」という結果を出したことを褒《は》め称《たた》えてくれるメディアも多くありました。ホークスファンからも、「工藤監督、ありがとう！」という声を多くかけていただきました。とても嬉しく感じました。

そして私自身、秋山前監督から引き継いだバトンを落とさず、多くの方々に期待されていた「2年連続日本一」を果たせたことに、大きな安堵を覚えていました。「自分なりに役割を果たせた」という、満足感と安堵。もしかしたらそれが、知らず知らずのうちに、私の中に慢心を生んでいたのかもしれません。

1982年、西武ライオンズに入団してから、2011年に現役を引退するまで、29年間。プロ野球の世界で必死に戦ってきました。その中で培った自分なりの野球観には、少しばかりの自信を持っていました。

コーチ経験すらない中で迎えた、監督就任1年目のシーズン。私は自身の野球観を拠り所として窮地を乗り越えた場面もありました。

「あぁ、自分は間違っていなかった」。そう思ったこともありましたが、今から振り返れば、それが大きな落とし穴だったのです。

2016年シーズン。「このままではいけない」と痛感する

第1章で詳しくお話ししますが、私はホークスの監督に就任するにあたり、ユーティリティプレイヤー（複数のポジションを守れる選手）の育成をはじめとする数々の策を打ち出しました。

そして現実に、日本一になれた。確たる結果を得たことで、「このやり方でいいんだ」と自信がついた反面、選手やコーチ、トレーナーに対しても、「私のやり方でやってください」という一方通行のコミュニケーションが増えていったように思います。

選手・コーチ・トレーナーから上がってくる意見や提案も、表面的には聞いたものの、話し合いの最後は「私のやり方でやってください」で終わっていました。

「なんだ、結局は自分の話を聞き入れてはくれないではないか」「自分は監督がやりたいことを実現するための存在でしかないのか」。選手・コーチ・トレーナーの中に、

このような不満が溜まっていったことは想像に難くありません。

ただ、2015年は日本一になり、2016年シーズンも、開幕してからしばらくは首位を独走していましたから、ある程度、「まぁ仕方ない」と納得してもらえる部分はあったのでしょう。

しかし2016年のシーズンを終えたとき、私は「自身の立ち居振る舞いを見直さなければならない」と痛感することになります。

序盤こそ、2位チームを大きく離して独走していたホークスですが、中盤以降に急失速。最終的には、最大11・5ゲーム差をつけていた北海道日本ハムファイターズに大逆転を許し、シーズン2位という結果に終わってしまったのです。

不満やいら立ちは、うまくいっているうちは、さほど大きくはならないものです。しかし、ひとたびうまくいかなくなると一気に表面化します。

リーダーが「私のやり方でやってください」と要求するコミュニケーションは、窮地に立たされたとき、とても脆《もろ》いのです。

歴史的な大逆転を喫して優勝を逃すと、前年はあれだけ褒め称えてくれたメディアから、数多くのお叱りを受けるようになりました。

前年に比べて、チームの力が落ちたわけではありません。失速の原因は、私のコミュニケーションが拙《つたな》かったことにあるのです。

監督とは「中間管理職」である

失意のシーズンを終え、私は、「監督とはどうあるべきなのか」を考え直すことにしました。

そもそも「監督」とは、どういうものなのか。考え直そうとしたとき、最初につくってみたのが、次ページに挙げるような、チームの「組織図」です。

私は本当に、ゼロから、「監督」とは何者なのかを考え直そうとしたのです。

チームに携わるいろいろな方々を組織図に当て込んでいく中で、ひとつの事実に気づきました。

監督とは、絶対的なリーダーでも、大きな組織を率いる長でも何でもなく、会社に

「監督」の立ち位置

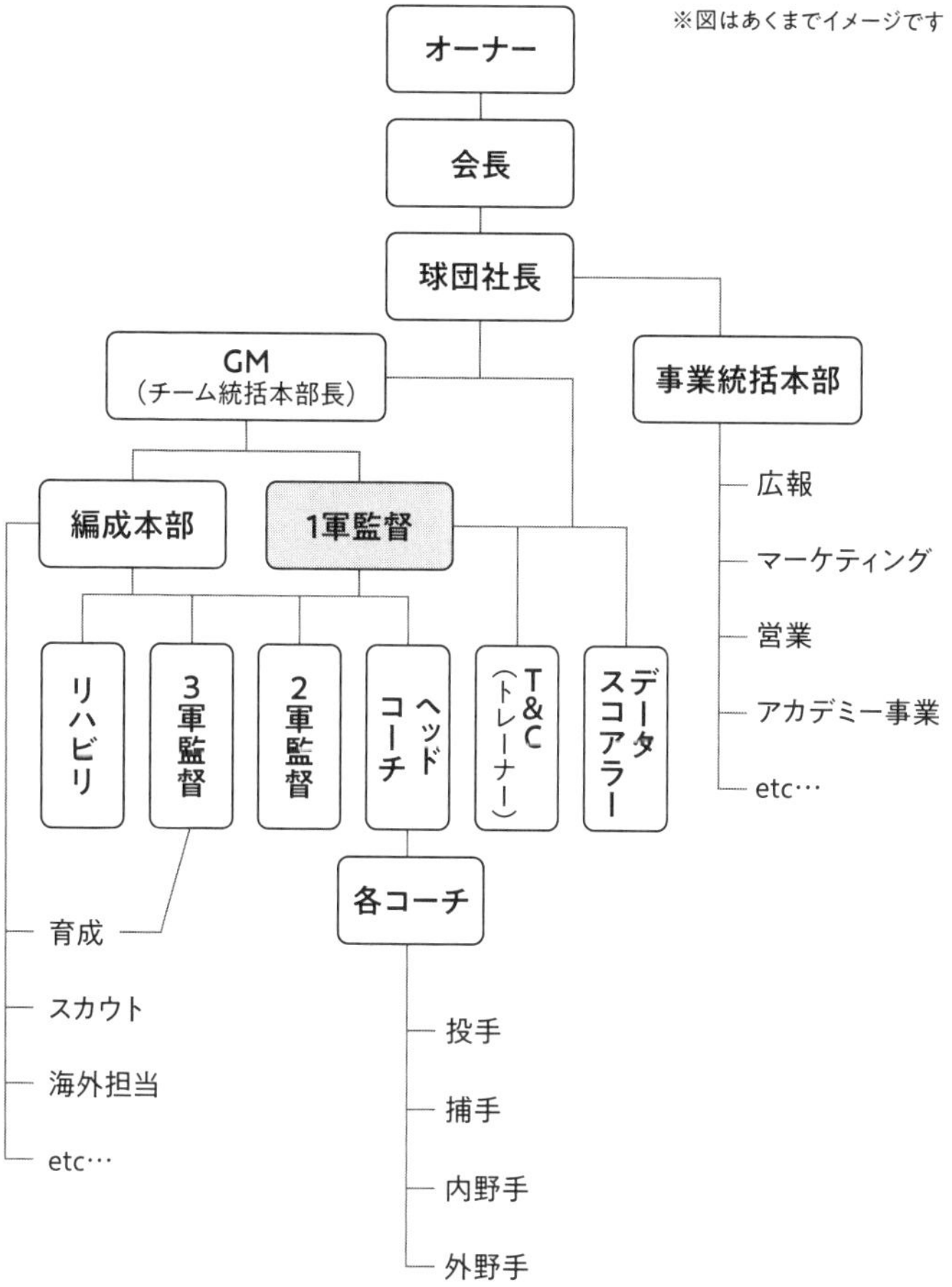

※図はあくまでイメージです
オーナー
会長
球団社長
GM
（チーム統括本部長）
事業統括本部
広報
マーケティング
営業
アカデミー事業
etc…
編成本部
1軍監督
リハビリ
3軍監督
2軍監督
ヘッドコーチ
T&C（トレーナー）
データスコアラー
各コーチ
育成
スカウト
海外担当
etc…
投手
捕手
内野手
外野手

おける「中間管理職」のような立ち位置なのだという事実です。

ホークスというチームのトップは、監督である私ではなく、孫オーナーです。その直下に王会長が位置し、球団社長がいて、GMがいて、ようやく私が出てきます。

——1軍の監督とは、自身の野球観を頼りに方針を押しつける唯我独尊《ゆいがどくそん》のリーダーではなく、編成部長（今のチームに足りない部分を考え、ドラフトやFA、トレード、外国人選手獲得などの人事戦略を行うポジション）とともに、勝つチームづくりをする仕事なのだ。そのためには、コーチ陣や2軍監督、3軍監督、トレーナー、データスコアラーたちとともに、選手がレベルアップする環境を整える必要があるのだ。そして選手たちとも常にコミュニケーションをとり、日々パフォーマンスを発揮しやすく、成長しやすい状態でいられるよう心掛ける必要があるのだ——

組織図を書き上げて、私は自身のコミュニケーションが、組織の中の「中間管理職」として求められているコミュニケーションとは大きくかけ離れていたことを、改めて思い知りました。

このままではいけない。遅まきながら、でも今すぐに、自分自身を変えていかなければいけないのだと決意しました。

「決める」ではなく「準備する」のが監督の仕事

スタメン、打順、投手起用の決め方が変わった

監督は「中間管理職」である。

そう自覚してから、選手・コーチ・トレーナーとのコミュニケーションは劇的に変わりました。

その変化が顕著になったのが、スターティングメンバー（スタメン）や打順の決め方です。

２０１５年、２０１６年シーズンは、ほとんど私がスタメンと打順を決めていました。試合前練習の際、バッティングコーチに各選手の状態を聞いたりはしていました

が、最終決定は私が下していました。「スタメンと打順は、監督が決めるものだ」という先入観があったのです。

しかし「私のやり方でやってください」という2016年までのコミュニケーションを反省した私は、今のスタメン・打順の決め方が本当にベストなのか、バッティングコーチに意見を聞いてみることにしました。

すると、意外なことがわかりました。

「試合前練習を見て状態を見極めてからからスタメン・打順を決める」より、「試合前練習のときにはすでにスタメン・打順が決まっている」ほうが、調整をしやすいというのです。

なるほど、そうだったのか。新たな気づきを得た私は、スタメン・打順を決めるタイミングを早めるようにしました。

自分の知らなかったことを教えてもらい、その意見のおかげでチームがうまく回り出すのは、楽しいものです。

やがて私は、「ヘッドコーチやバッティングコーチは、どんなスタメン・打順がべストだと考えているんだろう」と思いを巡らせるようになりました。

もちろん、私は私なりに、毎試合、ベストだと思えるスタメン・打順を考えていました。

しかし、ヘッドコーチやバッティングコーチが考える「ベスト」は、また違うものなのかもしれない。チームにとって、よりよい案が見つかるかもしれない。そう思い、スタメン・打順の決定を、私とヘッドコーチ、そしてバッティングコーチ2人の計4人による合議制に変えました。

私は4パターンのスタメン・打順を考え、ヘッドコーチとバッティングコーチにもそれぞれ原案を考えてもらい、それらを持ち寄って、どれがベストかを話し合います。私も各コーチも、原案を提示しながら、「なぜこの選手を起用したいと思ったのか」「なぜこの打順を組んだのか」を説明します。コーチの意見を聞く中で、「なるほど、さすがによく観察しているな」と感じることが多くありました。私は現役時代、ピッチャーでしたから、バッターの状態の些細な変化には、なかなか気づかないものなのです。

すべての意見を聞いた後で、「このオーダーは面白いから、今日使わせてください」と言うこともあれば、「すみません、今日はやっぱり自分の案でいかせてください」と言うこともあります。ただ後者の場合も、最初から「私のやり方でやってください」と押し付けていた時期とは違い、みんなが納得して当日の試合を迎えている雰囲気を感じられるようになりました。

ピッチャーの起用についても同様です。

ピッチャーには、先発、中継ぎ、ワンポイント、勝ちパターンのリリーフなど、あらかじめ割り当てられている役割がありますが、試合展開の中で現実に「誰をマウンドに送るか」はシビアな判断が求められます。

試合展開は、1点差で負けているとき、同点のとき、1点差で勝っているとき、大量得点差で負けているとき、大量得点差で勝っているときといったように多岐にわたり、同じ中継ぎピッチャーでも「どの中継ぎを起用するか」には複数の選択肢があります。

その起用法も、スタメン・打順と同じように、試合前にヘッドコーチやピッチングコーチと話し合って、ある程度固めておくようにしました。

試合前にみんなで綿密にシミュレーションを重ねることで、試合中に「想定外の事態」はなかなか起きなくなりました。「三人寄れば文殊の知恵」とはよく言ったものです。

「決めるための材料」を準備する

スタメンや打順、投手起用について、コーチと合議しながら決めるようになり、私は「監督とは、『決める人間』じゃないんだな」と思うようになりました。

監督とは「準備する人間」だ。そう考えるようになったのです。

みんなが意見を言い合える場をつくる。原案をつくる。根拠を聞かれたときに説明できるよう映像とデータをチェックしておく。自分の考えにはなかった素晴らしいアイデアがコーチから出てくることに期待する。これらひとつひとつの「準備」こそが、自分に求められていることなのだ。そう思ったとき、「監督とは中間管理職である」という考えは、実はそんなに間違っていないのではないかと自信を深めるようになりました。

中間管理職とはきっと、さまざまな部署や役職の「中間」に立ち、周りのみんなが機能するよう、常に準備する人間なのです。


スタメンと打順を合議で決めるようになり、私はバッティングコーチの観察眼の鋭さを心強く思うようになりました。

実はもうひとつ、合議制にしてよかったと感じたことがあります。

私は確かに、現役時代はピッチャーであり、バッティングの技術論については、バッティングコーチにはかないません。ただ、「ピッチャー側から見た、バッターの打ち取り方」という、バッティングコーチにはない視点を持っています。その「ピッチャーからの見え方」をバッティングコーチに伝え、すり合わせることができるようになったのです。

「今日の相手の先発ピッチャーのこの球種、この選手の今の状態では、打ち返すのが難しいかもしれない。彼よりも、左バッターのこの選手のほうが対応しやすいんじゃないかな」。このような意見を、私のほうからも伝え、バッティングコーチに考えてもらえるようになりました。

スタメン・打順の決定には、以前よりも多くの時間がかかるようになりましたが、その分、試合展開のシミュレーションはより綿密になり、あらゆる視点をもとにあらゆる状況を想定した最適なスタメン・打順が組めるようになりました。

監督は「みんなを引っ張る」ではなく「みんなを支える」存在

もしかしたらみなさんは、「監督」という仕事に、「チームを引っ張るリーダーである」というイメージを持っているかもしれません。

私自身、2016年に失敗と挫折を経験するまでは、そのようなイメージを持っていました。

しかし今では、監督は「みんなを引っ張る存在」ではなく、「みんなを支える存在」なのだと考えています。

グラウンドでプレーをするのは、監督ではなく選手たちです。ならば、監督が先頭

監督は「みんなを支える存在」

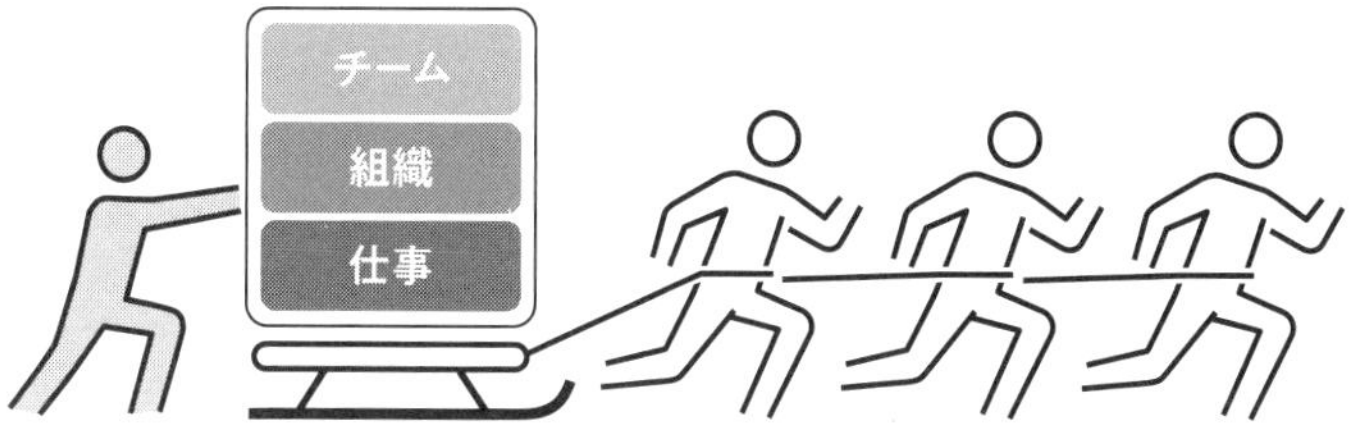

に立って選手を引っ張るのはおかしい。選手たちが不安なく、自分の持てる力をグラウンドで100%発揮できるよう後ろから支えてあげるほうが、監督のイメージとしてはしっくりきます。

「先頭に監督ありき」で選手たちが走るのではなく、選手たちがのびのびと走るのをサポートしながら、ときには軌道修正してあげるのが監督の仕事だと、今では考えています。

「とてつもなく大きな目標」を課されたときの考え方

ホークスと福岡へ、恩返しを

王会長から「ホークスの監督にならないか」とお声がけをいただいたのは、2014年秋のことでした。

当時の私は、現役を引退してから3年目。全国の少年野球チームを巡回し、技術とケガ予防の両面で研究活動をしたいと、具体的に計画を立てている時期でした。

引退後に見つけた、新たな夢へのスタートを切り掛けた時期にいただいた、とてつもなく重要なオファーです。一瞬の戸惑いはありましたが、オファーをくださった相手はほかならぬ、王会長。私が選手として、福岡ソフトバンクホークスの前身である福岡ダイエーホークスに移籍した1年目、同じく「就任1年目」の監督だった人物です。苦難の時期をともに過ごし、乗り越え、個人的に師と仰いでいる王会長からのオファー。断るわけにはいかないと、覚悟を決めました。

1994年秋、西武ライオンズからFA宣言した私に、熱心に声を掛けてくださったのが、当時のホークス球団専務だった根本陸夫さんでした。

ホークス入りを決意し、王監督のもと、成長途上のチームの中で試行錯誤を繰り返しながら、移籍5年目の1999年、ついにリーグ優勝、そして日本一。私も最優秀防御率のタイトルとシーズンのMVPを獲得し、チームに貢献することができました。

しかし同年、私は再び、FA移籍を決断します。

悩んでいる最中、王監督にはとても親身に相談に乗っていただきました。ファンのみなさんからは「工藤にはホークスに残ってほしい」と、多くの署名をいただきました。

ホークスにも、王監督にも、ファンのみなさんにも、福岡という土地にも、いつか必ず恩返しをしなければならない――。ずっと胸に秘めていた思いを、果たすときがきたのだと感じました。

「10連覇できるチームをつくってくれ」

ホークスの監督になることを決意し、孫オーナーのもとへご挨拶に伺ったときのことは、今でも忘れません。

私は孫オーナーから、ひとつの課題を提示されました。

「10連覇できるようなチームをつくってくれ」

10連覇――。かつて読売ジャイアンツが1965年から1973年にかけて9年連続で日本一になり「V9」と呼ばれたことはありましたが、10連覇となると前例がありません。しかも「V9」時代と違い、現在は各チームの戦力がかなり拮抗《きっこう》しています。10連覇どころか、一度日本一になることすら、容易ではありません。

また、10連覇するということは、「10年連続で日本一になる戦力を維持し続ける」ということでもあります。

「何を当たり前のことを」と思われるかもしれませんが、これはとても大事なポイントです。

今年日本一になったチームが、10年後も日本一になるとします。このとき、今年主力として活躍し日本一に貢献した27歳の主力選手は、37歳の大ベテランになっているわけです。同時に、今年のドラフトで獲得した18歳の新人選手が、28歳の主力になっているということでもあります。

10連覇を実現するには、「いい選手を集める」だけでなく、「いい選手を育て、長く活躍し続けるシステムをつくりあげる」ことが求められるのです。

孫オーナーが掲げられた「10連覇」という目標に、私は初め、大きなプレッシャーを感じました。

「短期的な目標」と「長期的な目標」の両方を思い描く

ただ冷静に考えてみれば、孫オーナーが掲げられた目標は、驚くほどに現実離れしたものでもないなと思えてきました。

そもそも、就任1年目の2015年に日本一になれなければ、10連覇も何もあったものではありません。

まずは2015年に日本一になる。それが終わったら、次は2016年に日本一になることを考える。「10連覇」と聞くと果てしない目標のようですが、実は「1年1年、しっかり戦っていく」という当たり前のことにほかならないのです。

そしてその上で、先ほども記したように、「いい選手を育て、長く活躍し続けるシステムをつくりあげる」ことも重要になります。

孫オーナーの「10連覇できるようなチームをつくってくれ」という言葉によって、私は「短期的な目標（1年目で日本一になる）」と「長期的な目標（いい選手を育て、長く活躍し続けるシステムをつくりあげる）」の両方を思い描くことができました。

孫オーナーは実に絶妙な目標設定をしてくれたと感じています。

「いかに実現するか」を考え抜く

それにしても、孫オーナーはなぜ、私に「10連覇できるようなチームをつくってくれ」という言葉を掛けたのか。

コーチ経験もない新人監督として就任する私に、単純に発破《はっぱ》を掛けただけなのかもしれないし、そうではなく、もっと深い理由があるのかもしれない。気になった私は、孫オーナーのことをもっと知りたくなり、孫オーナーの著書を片っ端から読みあさることにしました。

著書からは、考えに考えて考え抜いて、吐き気を催すまで考えたうえで、自分の中で「よし、これだ！」と思った道を突き進んできた孫オーナーの生き様が伝わってきました。

もしかしたら、自分に求められているのもこれなのかもしれない。そう思いました。

高い目標を設定し、それをいかに実現するかを考え抜けば、その先に進むべき道が開ける。やるべきことが見えてくる。孫オーナーの著書は私にそう語りかけてきました。そして現に私は、「10連覇できるようなチームをつくってくれ」という言葉のおかげで、「短期的な目標」と「長期的な目標」の両方を思い描くことができました。

一見して「無理だ」と思ってしまうような目標も、「実現するとしたら、何をする必要があるのか」と考えることで、現実味は増してきます。考えることから、すべては始まります。

「悪役」を引き受ける覚悟を持つ

「違和感」を見過ごすと大ケガにつながる

プロ野球はスポーツではありますが、お互いの戦力を分析し、一人ひとりの選手の弱点を突いて攻略し、勝ちに結びつけるという意味では「情報戦」の面もあります。チーム内では、本音で率直なコミュニケーションをとることが重要です。しかし対外的にはどうしても、本音を隠さなければいけない場面が出てきます。自チームのネガティブな面や、困っている事柄を積極的に発信して、勝ちに結びつくことはほぼあり得ないからです。

ひとつ例を挙げるとすれば、選手が負っているケガの情報です。

骨折やアキレス腱の断裂など、誰がどう見ても明らかな大ケガの場合は、隠しようがありませんから、「隠さなければ」と気を揉む必要もありません。

注意が必要なのは、かつてケガをした箇所がまた痛み出したり、試合や練習の積み重ねによって気になる箇所が出てきたりといった、「ちょっとした違和感」の場合です。

トレーナーと情報を交換する中で、「この選手の、体のこの部分が、ちょっと気になる」といった話が上がってくることがあります。

「バッティングをする分には問題ないが、守備のこの体勢をとるときに痛みが走るようだ」「左右のバランスにちょっと、いつもとは違う感覚があるようだ」といったような感じです。なんだか漠然としていてつかみどころのない言い回しのように聞こえるかもしれませんが、重要な情報です。

昔から、「選手は気になる箇所があるのに、首脳陣がそれを知らないで（何としても試合に出たい選手が隠していて）試合に起用し続けて、結果的として大ケガにつながってしまった」といった事例は枚挙《まいきょ》に暇《いとま》がありません。

今日無理をして試合に出て、そのために大きなケガをしてしまい、１カ月、２カ月離脱してしまうのならば、今日、明日の出場を見合わせて、それ以降ずっと試合に出続けてもらえるほうが、戦力の低下を最低限で抑えられる。そのためにあえて、目に見えたケガではなくても、その選手を起用しないといった判断を下すこともあります。

「本音」を隠さなければいけない場面もある

ただ、その場合、「目に見えた大ケガで試合を休む」わけではありませんから、チーム外の人からすれば「あの選手はなんで試合に出ないんだ」と疑問を持つことになります。

しかしここで、「この選手は、体のこの部分に違和感を覚えているから休ませます」と発信するわけにはいきません。

その情報はメディアを通じて、ほかの全球団に知れ渡ります。たとえば「あの選手は今、守備のパフォーマンスが落ちているから」と、狙い撃ちされることも考えられます。

「なぜ今日、この主力選手を起用しなかったのか」と聞かれたときに、あえて本音を隠さなければいけない場面も出てくるのです。

ファンの中には、年間で1試合しか球場に足を運べない人もいます。そのファンが、ある選手を入団時から熱烈に応援していて、ユニフォームを着て、応援ボードを掲げて球場で応援するのを楽しみにしていたまさにその日に、その選手を起用しない決断を下している可能性もあります。そして、その選手を起用しなかったがために負けてしまっている可能性もあります。監督として本当に心苦しく、申し訳なく思います。

それでも、チームやその選手のことを考えたときに、「この選手は違和感を抱えていて、心配だから休ませます」と、本音を語るわけにはいかない場面はあります。

私もメディアから、「なぜこの選手を起用しないのか」とお叱りを受けたことがあります。それでも監督は「中間管理職」。ときにはグッとこらえて「悪者」に徹し、チームのため、選手のために最善の策をとり続けることが求められます。つらいこともありますが、「日本一」、そして「10連覇」という目標のために最善を尽くしているという自負があれば、周りの声にぶれることもありません。

第1章
考える選手を育てる

活躍する「可能性」を増やす

「どんな起用法にも応える」選手を育てる

序章で私は、孫オーナーから掛けられた「10連覇できるようなチームをつくってくれ」という言葉に応えるために、「短期的な目標（1年目で日本一になる）」と「長期的な目標（いい選手を育て、長く活躍し続けるシステムをつくりあげる）」の両方を思い描いた、と述べました。

いい選手を育て、長く活躍し続けてもらうために私が掲げた方針が、「ユーティリティプレイヤーの育成」です。

ユーティリティプレイヤーとは、直訳すれば「役に立つ選手」。野球では、複数のポジションを守れ、攻撃時の起用法も問わず、何でもこなせる選手のことを指します。

首脳陣にとってはまさに「役に立つ」、ありがたい存在です。

ご存じのように、野球には投手、捕手、一塁手、二塁手、三塁手、遊撃手、左翼手、中堅手、右翼手という9つのポジションがあります。このうち投手以外の8ポジションは、まとめて「野手」と呼ばれます。

メジャーリーグで活躍する大谷翔平選手のように、投手と野手を兼任する「二刀流」は、はっきり言ってプロ野球史に残る例外です。基本的には、プロ野球の世界では、投手は投手、野手は野手に専念することになります。

そして野手の中でも、一塁手は一塁手、遊撃手は遊撃手というように、それぞれの選手が「自分のポジション」を持っているのが一般的です。

選手がそれぞれ「得意なこと」に専念し、それが結果として優勝、日本一という結果につながるのなら、それでいいという考え方もあります。しかし私は、複数のポジションを守ることができ、あらゆる起用法にも応えられるユーティリティプレイヤーを育成することが、「10連覇」するような常勝チームをつくるために必要不可欠ではないかと考えました。

ユーティリティプレイヤーの「ありがたみ」は勝負所で実感する

実は「ユーティリティプレイヤーの育成」は、現役を引退し、スポーツキャスターや解説者として「外の世界」から野球に携わっていた2012〜2014年の3年間で、おぼろげながら構想していたテーマでもあります。

たとえば、ある試合の中盤、2点差で負けているときにランナーが2塁にいて、しかし打力が心許ない選手に打順が回ってきたとします。

なんとしても1点を返したい。監督は、打力が自慢の選手を代打に送ります。その代打がきっちりと仕事を果たし、タイムリーヒットを打ちました。1点差となり、さらにランナー1塁です。

ここで、先ほどタイムリーヒットを打って1塁に残った選手の足が遅かったとしたら、監督は代走を出さなければなりません。劣勢の中で巡ってきたチャンス。このランナーを本塁に還し、一気に同点に追いつきたいからです。

果たして、代走策が功を奏し、同点に追いつきました。しかし後続が倒れてチェンジ。ここで、代走に出した選手が唯一守れるポジションが、試合後半でその打力に期待したい主力選手と被っていたとしたら、代走に出した選手に代え、現在空いているポジションを守れる選手を出す必要が出てきます。

同点に追いつけたとはいえ、一度のチャンスで、ベンチ入りしている野手のうち3人を使ってしまうのは、大きな痛手でもあります。

試合のベンチに入れる枠は25人で、投手は10人前後、野手は15人前後がベンチに入ります。うち8人はスタメン野手ですから、試合開始時点で、残る控え野手は7人前後。このうち3人を、試合中盤のチャンスで使ってしまうのは、リスクが大きいのです。このまま同点で試合が進み、試合終盤でもう一度チャンスが生まれたときに、とれる策が極度に限られてしまうからです。

解説者として試合を見る中で、このような場面を何度も見てきました。

もしも代打として頼れる選手が、代走を必要とせず、複数のポジションをこなせて、空いたポジションに試合途中の守備から入ってくれるとしたら、監督としてこれほどありがたいことはないでしょう。私は多くの試合を観戦する中で、「ユーティリティプレイヤーの育成」が、長期的に見て、勝ち続けるチームをつくるために有効であると考えるようになったのです。

活躍の「場」を限定しない

ユーティリティプレイヤーの存在感は、1試合の中の作戦面のみならず、長期的なチーム構築においても力強く発揮されます。

あえて極端な例を挙げます。

仮に、Aという選手がいたとしましょう。ポジションは三塁手。走攻守ともに、他球団ならばレギュラーになってもおかしくないほどのポテンシャルを持っています。しかし三塁手には、A選手をも凌駕する実力を持つ不動のレギュラーがいて、A選手はなかなか試合に出場することができません。

チームを見渡せば、A選手より打撃が劣る選手がレギュラーを張っているポジションがあります。でもあいにくA選手は、三塁しか守ることができません。そのために彼は、いつまでの「三塁手の控え」に甘んじることになります。

一方、もしもA選手が三塁以外のポジションも守ることができたとしたらどうでしょう。出場機会が増えてA選手にとって大きなプラスになりますし、戦力に厚みが増してチームにとってもプラスになります。

複数のポジションを守れるユーティリティプレイヤーの育成は、選手自身の出場機会や成長機会を増やすとともに、チーム全体にとっても大きな戦力アップにつながるのです。

「無理強い」はしない

ただ、「ユーティリティプレイヤーを育成する」というのはあくまでも、私が思い描く理想であり、現実はそう簡単にはいきません。

選手一人ひとりが、プロです。学生時代からポジション獲得競争を勝ち抜き、遊撃手なら遊撃手、捕手なら捕手としてチームの主力を張り続けてきたプライドがあります。「何が何でも出場機会を得たい」と、複数のポジションを守ることに前向きに取り組む選手もいる一方、「自分はこのポジション一本で勝負したいんだ」と、違うポジションの守備練習をするのに難色を示す選手もいました。

気持ちはわかります。だから私は、「ユーティリティプレイヤーの育成」という自分の方針を、選手に無理強いすることはしませんでした。

複数のポジションを習得したほうが、試合に出るチャンスは増える。理屈は選手自身がいちばんよくわかっています。それでも「このポジション一本を追求して、いつかあのレギュラー選手を超えてやろう」と闘志を燃やし練習に励むのも、一選手としてのひとつの生き様ではあります。その気持ちを尊重しながら、それでも孫オーナーから課せられた「10連覇」を叶えられるチームをつくり上げていくのも、「中間管理職」としての仕事です。

また、選手は人間であり、器用・不器用というそれぞれの個性があります。本人は複数のポジションを守ることに前向きでも、なかなか体の動きがついてこない選手もいました。

当たり前のことですが、選手自身もプロならば、戦う相手もプロです。新たに取り組むポジションで、プロの打球を処理するのは、とても大変です。「監督の方針はわかりました。自分もユーティリティプレイヤーとしてやっていきます」と、練習に励んでくれるのはとてもありがたいことです。しかし、新たに取り組んだポジションで試合に出場し、エラーをして、傷つくのは選手本人です。

そのため、コーチとも相談し、自分の得意なポジションに専念して守備を磨いてもらうケースもありました。

一方で、覚悟を決めて「ユーティリティプレイヤーとしてやります」と宣言し、それに見合う動きを見せてくれる選手には、たとえ練習の負担が大きくなったとしても、とことん練習してもらいました。

出場機会を貪欲に求める選手と、自分が親しんできたポジションにおける技術をひたすら高めようとする選手。それぞれが切磋琢磨しながら、ホークスの選手層はどんどん厚くなっていきました。

「思考」を「成果」に結びつける

思考は行動につながる

ユーティリティプレイヤーとして活路を見出したいと考えた選手は、複数のポジションを守れるよう必死に練習しますし、「自分のポジションで勝負したいんだ」と考える選手は、レギュラーの選手を実力で超えるべく、やはり必死に練習します。

思考は行動につながります。だからこそ、選手の行動を見守る監督やコーチは、選手の行動の根本にある「思考」に気を配る必要があります。

主力として1軍で活躍し続ける選手に共通する点をひとつ挙げるとすれば、それは「思考を成果に結びつけられている」ことです。

選手は誰しも、「1軍の舞台で活躍したい」「このチームで優勝したい。自分がその立役者になりたい」という気持ちで入団してきます。ちょうど、新入社員がみな「バリバリ活躍したい」「この会社に貢献したい」と考えるのと同じです。

しかし個々の成長のスピードには、どうしてもばらつきが出てきます。その原因は、「身体能力の差」より「思考の差」にあると、私は考えています。

「もっとうまくなりたい」という向上心を原点として、「自分にとって『もっとうまくなる』とは、具体的にはどういうことなのか」と課題を明確にし、どのような練習をすればその課題をクリアできるのかを見つけ、練習を実行する。必要な能力を身につけたら、次の課題を見つけ、それをまたクリアしていく。

このサイクルを自分でつくることができる選手は、成長のスピードも速くなります。新人として入団してから1軍に上がるまでの期間も短くなりますし、1軍に上がってからは、なかなか2軍に落ちなくなります。

「思考のフォーマット」を使う

ただ、新人のころからこのようなサイクルを自力で回すことができる選手は、ほんの一握りです。いくらアマチュア野球で飛び抜けた成績を残してきた選手でも、プロ野球の世界に入った瞬間に「プロ野球で活躍するために必要なこと」が具体的に見える選手は、そう多くはありません。

しかし私は、選手たちに、「このような練習をしなさい。すると、あなたに必要なこの能力が身につきますよ」という「答え」を、はじめから渡すことはありませんでした。

思考は行動につながる。それは逆にいえば、自分の思考なしに、他人から与えられた行動だけを積み重ねたところで、その行動はいつまで経っても「自分のもの」にはならないということでもあります。自身で課題を見つけ、自分の頭で考え、自力で行動に移せない選手は、プロの世界では淘汰されます。

まだプロの世界で考える力が身についていない選手に私が渡したのは、次ページのような「思考のフォーマット」です。

思考のフォーマット

データから何を考えるのか

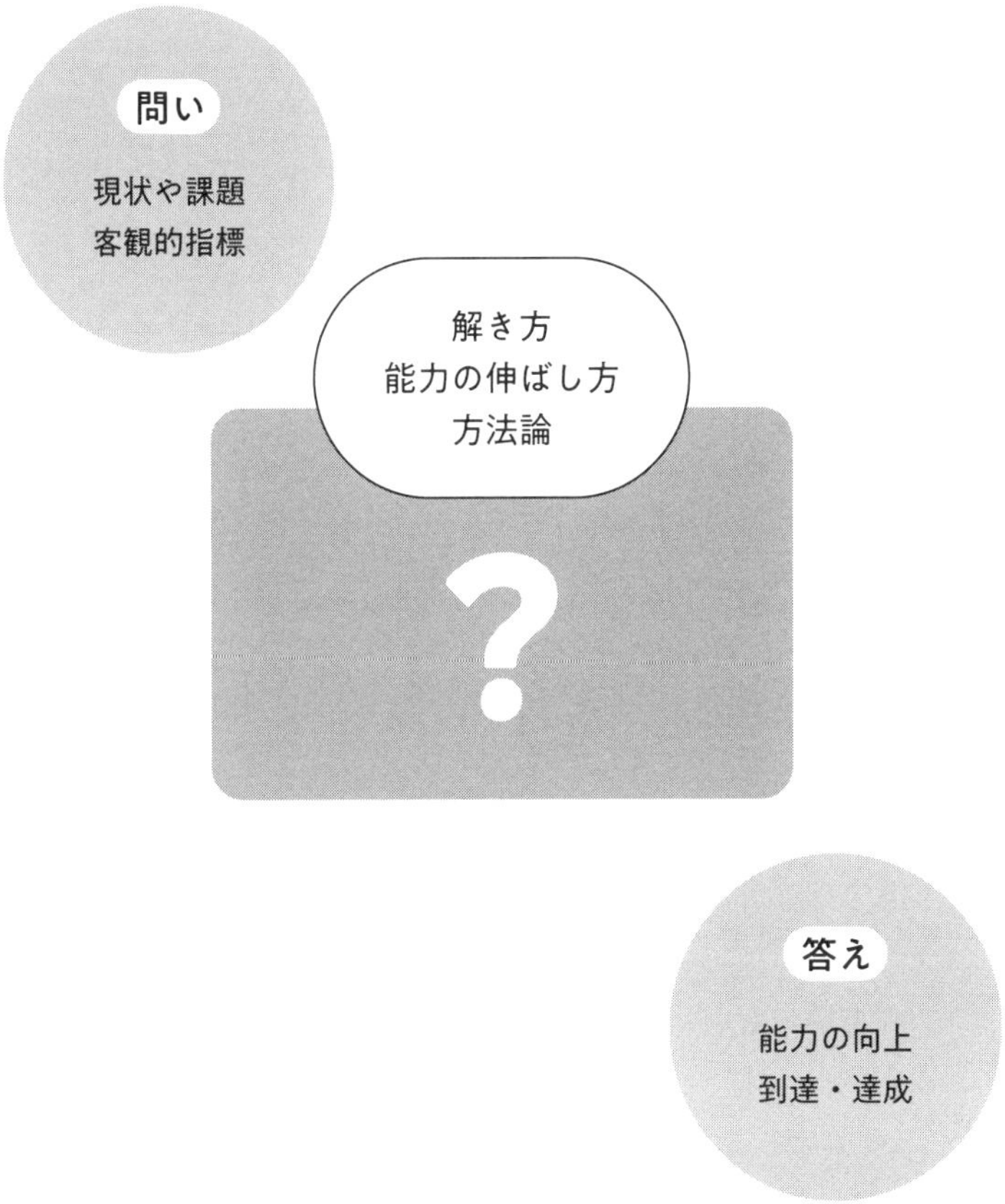

たとえば、「プロの世界で勝てるピッチャーになりたい」と考える投手がいたとします。

しかし、「プロの世界で勝てるピッチャーになりたい」という意気込みひとつで、与えられた練習をひたすらこなすだけでは、なかなか実現には至りません。彼はコーチとともに、まず「プロの世界で勝てるピッチャーになるには、何が必要なのか」を、自身の現状を見つめながら探ることになります。これが「問いを探す」段階です。

やがて彼は、「プロの世界で勝てるピッチャーになるには、球速をあと10キロ高める必要がある」という課題を見つけます。ここで初めて、「球速をあと10キロ高めるには、どうすればよいのか？」という、具体的な「問い」が生まれます。

「答え」は、現実に球速が10キロ高まった自身の姿です。その「答え」に到達する行動をとれば、必然的に、彼の球速は10キロ高まります。

向上心があり、自分を高めたい意欲が強い人であればあるほど、「あれもやらなきゃ、これもやらなきゃ」となり、いろいろと手を広げすぎて、結局何も身につかない、といったことになりがちです。

シンプルな「思考のフォーマット」に自身の課題を落とし込むことで、「まず、何をやるべきなのか」が見えてきます。課題はひとつひとつ、確実にクリアしていけばいいのです。

一流には「ゴール」がない

主力として1軍で活躍し続ける選手の特徴をもうひとつあげるとすれば、それは「思考が止まらない」ことです。

彼らは、仮にレギュラーの座をつかんだとしても、そこで満足しません。「もっとうまくなるにはどうすればよいのか」「もっとチームが勝つためには、どうすればよいのか」と考え続け、行動し続けます。

彼らにとって「ホークスのレギュラー」とは、あくまでも「自分を高める過程」で得たものにすぎず、決して「最終到達点」ではないのです。

その意味で、1軍で活躍し続ける選手は、明確な「ゴール」を定めていないともいえます。常に満足せず、納得せず、上を目指しています。

ある選手は、天然なキャラクターゆえ、メディアではその「抜けている言動」がよく報じられていますが、実は誰よりも、「自分を高める」「チームを勝たせる」ことに関しては貪欲です。

連敗中で、チームの雰囲気も停滞してしまっていた、ある試合のことです。その選手は複数のヒットを放っていたのですが、チャンスで回ってきた打席では凡退してしまい、試合も敗れてしまいました。

彼は「自分があのチャンスで打たなければいけなかった」と語り、翌日の試合前は、それまで以上に鬼気迫る表情で打撃練習に取り組んでいました。自身はその試合、複数のヒットを放っていたのに、です。彼の姿を見た周りの選手も、おそらく刺激を受けたことでしょう。

彼が持つ志の高さを感じたエピソードです。

結果が出ていないときこそ、「思考」を尊重する

「向上心があるがゆえの凡打」もある

前項で私は、「選手個々の成長のスピードに差が出るのは、『身体能力』より『思考』にその原因がある」と述べました。

はじめから「考えない選手」なんていません。誰もが、1軍の舞台で活躍することを夢見て、自らを高めようと試行錯誤を繰り返します。

しかし残念なことに、選手として2年目、3年目と過ごす中で、次第に「考えるのをやめてしまう」選手が出てきてしまうこともあります。

私は2021年にホークスの監督を退き、その後は一般企業の方々の前で講演することも多くなりました。その中で、「新入社員時代はモチベーションが高かったのに、

2年目、3年目と年を重ねるにつれ、モチベーションを失ってしまった社員がいる。どうしたらよいのか」といった質問を受けることがよくあります。もしかしたらプロ野球の世界に限らず、どの職場もみな、似たような問題を抱えているのかもしれません。

なぜ選手は、考えることをやめてしまうのか。ここもあえて極端な例をあげます。

インコースにきたボールを打つのが苦手な選手がいたとします。「1軍で活躍するには、インコースにきたボールをヒットゾーンに打ち返す技術が必要だ」と考えていました。練習では、インコースを打つ練習に時間を多く割いてコツをつかみかけ、試合でも、「インコースがきたらこう打ち返すんだ」と明確にイメージを描いて打席に入っていました。

しかしその打席。彼は、不意に投げられたど真ん中の絶好球を打ち損じてしまいます。インコースを意識するあまり、素直にバットが出てこなかったのです。

確かに彼は、「インコースを克服しなければ」という意識が強すぎたのかもしれません。ただ、ここで重要なのは、彼が「1軍で活躍するには、インコースにきたボールをヒットゾーンに打ち返す技術が必要だ」と考え、実際にその技術を習得するための練習に取り組み、コツをつかみかけ、試合の打席でも意識していた事実です。

何も考えていなかったら、何の問題もなくホームランにできていたであろう絶好球を、打ち損じてしまった。結果だけ見れば、その打席は凡打に終わっているわけですが、その凡打は「思考を持ち、向上心を持っていたがゆえの凡打」です。

しかしここで、ど真ん中を凡打してベンチに帰ってきた彼に対し、監督やコーチが次のような言葉を投げつけたらどうでしょう。

「ど真ん中も打てないのか。調子悪いんじゃないか？　そんなんじゃ1軍に上げられないよ」

「ゴチャゴチャ考えてるから打てないんだよ。余計なことを考えるな」

おそらく彼は、自分なりに課題を持って日々練習に取り組むのがバカらしくなるでしょう。「たまにきたど真ん中の球を打てずにこんなにも叱られるのなら、その球を打つために、何も考えずにスイングしていたほうがいいや」「ゴチャゴチャ考えずに、監督やコーチに言われたことだけやってりゃいいや」と考えるはずです。

思考が成果に結びつかないだけで苦しいのに、思考そのものを否定されるような言葉を監督やコーチから投げかけられるわけですから、「考えるのをやめよう」と投げ出してしまう気持ちもうなずけます。

「選手は常に、よりうまくなろうと考えている」という前提に立つ

2年目、3年目を迎えた選手の中に、思考を放棄してしまう選手が出てくる背景には、多かれ少なかれ、この例のようなやりとりがあるのではないかと、私は考えます。

中には「プロ野球選手になれて一安心」「1軍に定着できて一安心」と、自分で満足して思考をやめてしまう選手もいるのかもしれませんが、それはほんの一部で、割合としては「誰かに思考することを否定されて、思考するのをやめてしまった」場合が圧倒的に多いような気がします。

本人に向上心があるのに、見守る側の監督やコーチがその芽を摘んでしまうのは、

とてももったいないことです。

私は、「すべての選手が向上心を持ち、思考を持っている」という前提で、選手と接するようにしていました。

「すべての選手が思考を持って練習・試合に臨んでいる」前提に立つと、話はとてもシンプルになります。選手が日々、自分のパフォーマンスや試合での結果を踏まえて何を考え、どう感じ、どうしたいと思っているのか、自分で変わらなければいけないと考えているのはどこなのかといった会話を普段から交わして、つかんでおけばそれでいいのですから。

選手が何を考えているのかをつかんでおくと、先ほどの事例で、ど真ん中を打ち損じてしまった選手に対してかける声も変わってきます。

監督やコーチは、選手の思考を尊重し、フォローすることができるはずなのです。

選手の「思考」を育てないと、「行動」はついてきません。

そして「思考」を育てるには、選手が日々、何を考えているかに思いを馳せ、興味を持つ監督・コーチ側の姿勢が必要になってきます。

「意に沿わない取り組み」を全否定しない

「選手は常に、よりうまくなろうと考えている」という前提を忘れてしまっているがために、コミュニケーションで行き違いが生じてしまう事例は、選手にとっては「自主トレ明け」となる2月1日、春のキャンプ初日にも起き得ます。

プロ野球選手を球団が拘束できるのは、2月1日から11月30日まで。12月1日から翌年1月31日までの期間は、「選手のシーズンオフ」として、球団は合同練習や野球指導を一切行うことができません。しかしその期間、選手はひたすらぐうたら過ごすかといえばもちろんそうではなく、各自で自主トレに励むことになります。

11月30日までの間に、選手とコーチの間で、「現状で抱えている課題」はある程度共有していて、コーチは自主トレでその課題をクリアしてきてくれることを期待しています。ちょうど、夏休みを前にした小学生に、先生が「夏休みの宿題」をたっぷりと渡すようなものです。
さて、自主トレが明け、春のキャンプ初日となる2月1日。すべての選手が、コーチと共有していた課題をクリアしてくれば話はスムーズなのですが、中には、コーチと共有していた課題とはまったく別の課題に取り組んで自主トレ期間を過ごし、2月1日を迎える選手もいます。

「なんであの課題をやってこなかったんだ！　秋に共有しただろう！」

もしかしたら、そう考えるコーチもいるかもしれませんが、その感情をそのまま選手にぶつけてしまうと、選手とのコミュニケーションはこじれてしまいます。選手は「課題をやってこなかった」のではなく、「自分の頭で思考し、別の課題に取り組んできた」のですから。
秋に共有する課題は、「自主トレ期間に取り組むべき義務」ではなく、あくまでも「現状で見えている、クリアしなければならない点」に過ぎないと、私は考えています。もちろん、「クリアする必要がある」とお互いに考えるからこそ選手とコーチは課題を共有するのですが、選手個人としては自分の中で、ほかにもいろいろな課題を抱えており、「どの課題に取り組むか」を決めるのは選手本人です。

自分の中で生まれた思考に従ってこそ、行動は身になります。選手の中で、コーチと共有した課題以上に「この課題に取り組んでみたい」と考えるものが見つかり、取り組んできたのであれば、それはそれで有意義な自主トレだったということなのです。ただ、コーチと共有した課題をクリアしていないことに変わりはありませんから、そのままいくと、おそらく次のシーズン中も、前のシーズンと同じところで壁にぶつかることになります。そして秋、前年と同じ課題を確認し合うことになるでしょう。

そのようなことを繰り返す中で、いつか選手本人が、「あぁ、コーチがいつも口うるさく言っているあの課題は、今の自分に本当に必要なものなんだ」と気づき、行動に移してくれたらそれでいいのではないでしょうか。

プロという世界でお金をもらっている以上、雇用する側は「はやく対応しろ」と思うかもしれませんが、選手が自ら気づき、大きく変わる瞬間まで〝待つ〟ということも時には必要だ、私はそう考えています。

指導者の意に沿わない取り組みを、全否定してはいけません。

指導者には指導者の思考があるように、選手には選手の思考があります。共有した課題そのものに取り組んでこなかったとしても、選手が自分なりにアレンジを加えた取り組みを行うことで、結果的には共有した課題をクリアできてしまっていることもあります。

選手の思考を侮《あなど》ってはいけません。そうは言っても、選手が考えているから、その通りにやらせておけばいいのか、それは違います。若い選手をはじめ、経験が浅い選手は、身をもって感じる機会が少ないため、自ら考え得る情報や、第三者からの指導を受けることで、一時的にすべてを理解した気になり、できたつもりになってしまうことが多いということを私たちは理解しておく必要があります。たくさんの情報を収集し、話を聞き学んだことを自らの体に落とし込み、経験をし、理解したうえで最終的に取捨選択をする段階まで辿り着く選手は、おのずと結果を出していきます。全員が全員、そういった思考になるわけではありませんので、私たちは、考えているようだけれどなかなかうまくいかない選手に対してのアプローチやバックアップをどのようにに行ったらよいかを熟慮する必要があります。そのために指導者の私たちにも知識が必要になってくるのです。

練習の「意味」を聞かれたら、答えられるようにしておく

「うるさい！」はもはや通用しない

スポーツの世界でも、パワハラ的な指導・練習には厳しくなり、科学に基づいた合理的な指導・練習が行われるようになってきました。いい傾向だと感じています。

私の学生時代は、指導者に物を申すなんて御法度《ごはっと》。どんなに理不尽に思われる指導や練習も、黙って受け入れるしかありませんでした。「この練習……どんな意味があるんですか？」なんて聞こうものなら、「うるさい！」と、きつい鉄拳制裁が降ってきました。

しかし、時代は変わりました。選手も、課せられた練習メニューに疑問を感じたら、指導者にどんどん質問できるようになりました。

これはつまり、指導者の側が、野球とそのトレーニングに関する「確かな知識」を身につけておかないと、選手とコミュニケーションひとつとれなくなってしまったということでもあります。

今は「うるさい！」が通用しません。選手からの質問に対し、理路整然と答えられる監督・コーチでなければ、存在意義そのものが危うくなってしまう時代に突入したのです。

ただ、よくよく考えてみれば、これは「当たり前のこと」です。

課している練習に、どんな意味があるのか。課している側が理解していないのに、選手に「いいから黙って取り組め」というのも酷な話です。

まずは指導者の側が、「確かな知識」を身につけなければなりません。

「新しい情報」を取り入れ続ける

私はプロ野球の世界で29年間、現役生活を送ってきました。

1年でも長く現役選手でい続けるために、さまざまなフィジカルトレーニングを実行してきました。まだ「体幹」という言葉が今ほど浸透していない30年前から、体幹トレーニングも行ってきました。配球も勉強しました。動作解析もいち早く取り入れました。栄養学も勉強しました。試行錯誤しながら取り組んできたすべてのことが私の糧《かて》となり、29年間も現役でい続けられたのだと思います。

ただこれらは、あくまでも「私にとって」の糧になったものであり、今の選手の糧になり得るかどうかはわかりません。

私が現役生活をスタートさせたのは、1982年です。先ほども触れたように、昔の価値観と今の価値観はガラッと変わってしまっています。

グローブやシューズなどの用具が日々進化しているのと同じく、トレーニング理論も日々、進化しています。「自分はあのトレーニングをやってきたから、長く現役を続けられた。だから今の選手たちも、あのトレーニングをやるべきなんだ」と、自分の経験からしか語れないようでは、選手たちとコミュニケーションをとるのがなかなか難しくなってしまいます。

かつて自分が行ってきたトレーニングが、今の選手たちにとっても有効な場合もあるでしょう。しかしそれでも、最新のスポーツ科学と照らし合わせて、「本当に有効なのか」を検討する必要はあります。自分たちが現役生活を終えた後で、「より効率的なトレーニング」が生まれている可能性もあるからです。

それを踏まえて、やはり「自分がやってきたトレーニングのほうが効果的だ」と考えるなら、指導者はその考えを理路整然と選手に説明する責任があります。

「いいからやれ」では、結局、「思考しない選手」が育つだけです。

「選手が興味を持っている情報」にも触れてみる

私がプロ野球選手としての人生をスタートさせたころから進化したのは、用具やトレーニング理論ばかりではありません。

情報の発信・伝達手段もまた、格段に発達しました。今や選手は、球団の監督・コーチ・トレーナーからだけではなく、SNSを通して、全世界の発信者から情報を受け取れるようになりました。メジャーリーグで活躍するトップ選手や、トレーニングに関する世界的な専門家から、家にいながらにして情報を仕入れられる時代になったのですから、今現役生活を送っている選手たちが少々うらやましくもあります。

たくさんの情報を得られる環境になった今、選手の中には、監督・コーチ・トレーナーと相談の上で見つけた方法ではなく、独自に仕入れた情報をもとに、新しいピッチングフォームやバッティングフォームを試したり、新しいトレーニングに取り組んだりする人も増えています。

指導者の立場としては、選手が突然、指導した覚えのないフォームに変わっていたり、指導した覚えのないトレーニングを始めたりすると、正直、多少は戸惑います。

ただ、それでも、頭ごなしに否定しないように心掛けています。

「指導した覚えのないフォーム」「指導した覚えのないトレーニング」は、言い方を変えれば、「指導者の知識が追いついていないフォーム・トレーニング」です。知識が追いついていないわけですから、否定することすら、本来はできないのです。

まずは、選手が興味を持っている新しいフォーム、新しいトレーニングがどのようなものなのか、触れてみることが大切です。触れもせずに、頭ごなしに否定してしまうと、「あの監督、あのコーチに言ったところでわからない」と心を閉ざし、円滑なコミュニケーションを保つのが難しくなってしまいます。

「新しいやり方」で壁にぶつかったとき、指導者の経験が生きてきます。そのときに解決の糸口を提示できるような体制をつくるためにも、指導者は自らの経験に閉じこもらず、新しい知識を常に吸収し続ける必要があります。

「考える選手」を育てるには、指導者自らが、常に勉強し続け、考え続けることが大事なのです。

第2章

常勝のために
やるべきこと

「循環型」の組織をつくる

「1軍コーチ→2軍コーチ」の配置転換は決して「降格」ではない

「いい選手を育て、長く活躍し続けるシステムをつくりあげる」ために、私が「ユーティリティプレイヤーの育成」とともに掲げたもうひとつの構想が、「循環型の組織」です。

就任2年目の2016年。ホークスは、前年に1軍コーチを務めていた数人を2軍、3軍に配置転換しました。

リーグ優勝、そして日本一に輝いた翌年の、2軍、3軍への配置転換です。この人事は、さまざまなメディアで「降格」「左遷」といった、ネガティブな取り上げられ方をしました。

しかし私の意図はもちろん、降格や左遷ではありませんでした。

1軍でリーグ優勝、日本一を経験したコーチが2軍、3軍で指導することに、大きな意義があると考えていたのです。

どのような意義があるのか。

1軍でリーグ優勝、日本一を経験したコーチが2軍、3軍で指導するということは、そのまま「1軍でリーグ優勝、日本一を果たすのに必要な戦力、能力とはどういうものなのかを知っているコーチが、2軍、3軍で指導する」ということでもあります。

コーチの知見が新鮮なうちに、若い選手に、「現実に1軍のリーグ優勝、日本一に貢献するのに必要な能力」を教え、高めてもらうことが可能になるのです。


そしてここからが、「循環型」構想の肝《きも》です。

2軍、3軍で指導していたコーチは、1~2年後、また1軍に戻ってきます。

自分たちが指導し、1軍の舞台へと送り込んだ選手たちとともに、リーグ優勝、日本一を目指すのです。

孫オーナーから課せられた目標は「10連覇」。今年の優勝に貢献した主力選手が10年後もひとり残らず主力であることなどまずありえず、目標を達成しようとする過程で必ず、世代交代が求められます。

コーチが1軍と2軍・3軍をぐるぐると循環しながら、高いレベルで世代交代を実現していく。これが「循環型」構想の概要です。

実はこの「循環型」構想は、私が編みだしたものではありません。すでにメジャーリーグの数球団で取り入れられているものです。

しかし日本では、まだ一般的ではありませんでした。そのため、なかには抵抗感を持つスタッフやコーチもいたのは事実です。私がいくら「降格や左遷ではない」と言ったところで、現実に配属は「1軍」から「2軍・3軍」になるわけですから、抵抗感を覚えるのも無理のない話です。

それでも、「勝ち続けるチーム」をつくるためには、「循環型」の組織が必要不可欠であると、私は考えました。球団に対しても、コーチに対しても、真摯《しんし》に説明をし、構想を具現化させていきました。

循環型の組織を目指す

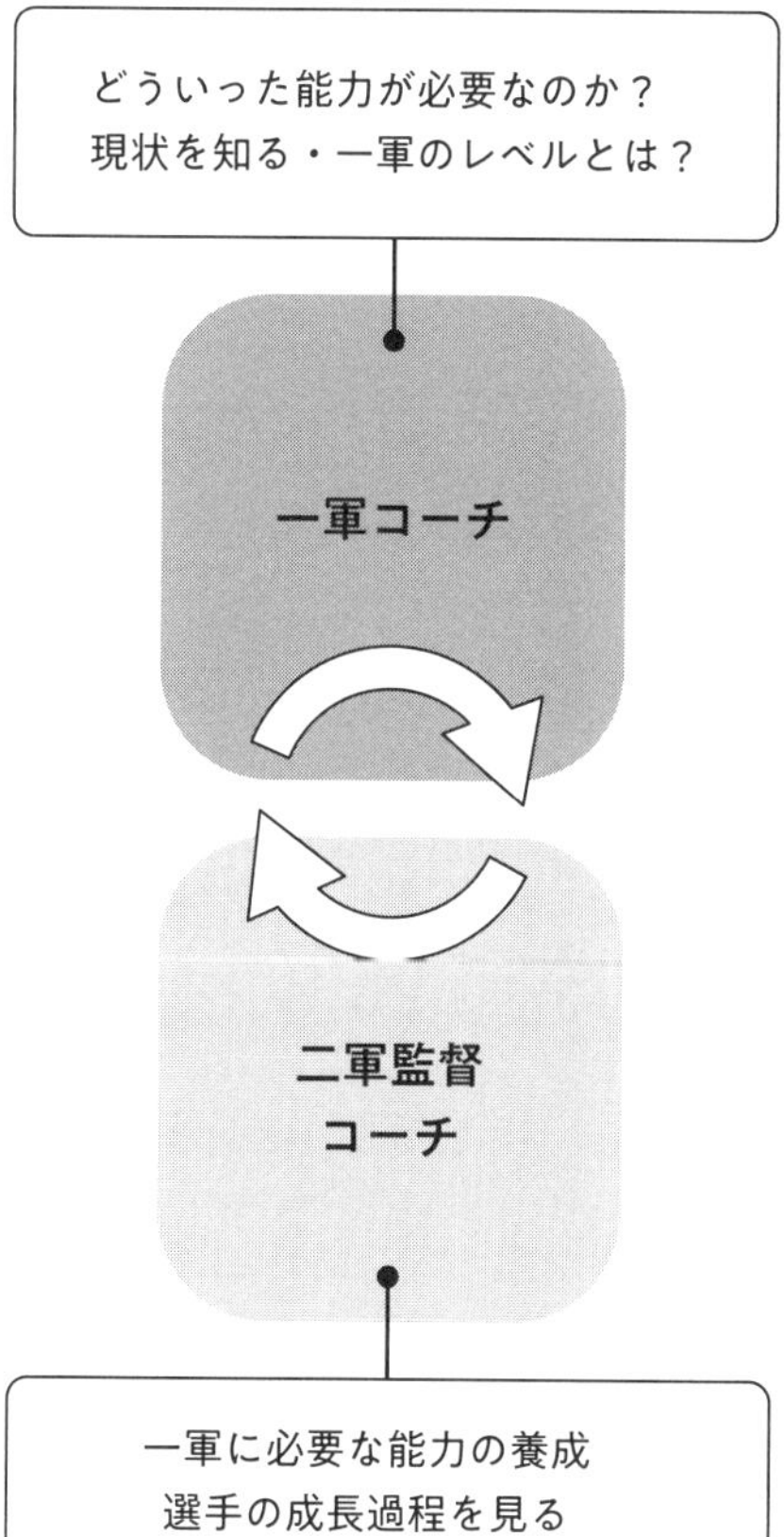
どういった能力が必要なのか？
現状を知る・一軍のレベルとは？
一軍コーチ
二軍監督
コーチ
一軍に必要な能力の養成
選手の成長過程を見る
選手を見極める

1軍と2軍。それぞれの「育成スケジュール」

ここで、選手の育成について、私の考えを述べさせてください。

よく「(若い選手を) 1軍で使いながら育てる」といった言葉を聞くことがありますが、もちろん1軍に出場させるだけが選手の育成ではありません。2軍でじっくり、一定レベルの技術を身につけるまで鍛えなければいけない段階の選手を、1軍の試合に出したところで、得られるものはあまりないのが現実です。

基本を繰り返さなければいけない時期もあれば、時間をかけながら少しずつステップアップを重ねていかなければ身につかない技術もあります。

ただ、選手の性格によって、臨機応変に「育て方」を変えることもありました。

たとえば、悔しさを自身の力に変えるタイプの選手は、「3日間だけ」といった期間限定で1軍に上げることもありました。

技術が伴っていないうちに1軍に上がった選手に、何ができるか。はっきり言って、何もできません。代打で出されても、守備についても、自分のパフォーマンスの1割も発揮できないでしょう。1軍のリズム、1軍の動きについていくのが精一杯で、試合が始まってもなかなか落ち着かず、集中し切れないことがほとんどです。

しかしそれでも、「1軍のリズム」「1軍の動き」を体感した経験は、自分の中に残ります。

そして、負けん気の強い選手のこと。1軍で何もできなかった悔しさをバネに、「今度1軍に呼ばれたら、絶対に活躍するぞ」と、かえってモチベーションを高めて練習に励んでくれることでしょう。

悔しさを自身の力に変える、負けん気の強いタイプの選手は往々にして、「2軍でじっくりと力を蓄える」ことにしびれを切らせてしまうところがあります。「なぜおれを1軍に呼んでくれないんだ」「呼んでくれたら、絶対に結果を出すのに」と、心のどこかで思っています。

そのような選手に、いくら「君はまだ、1軍で通用する力が身についてはいないんだ」と説明したところで、素直には聞き入れられないでしょうし、かえってモチベーションを損ないかねません。

ならば、一度1軍に上げて、1軍の雰囲気を体感してもらった上で、今の自分の実力も理解してもらったほうが、結果的には育成につながります。

ただ、そこまで気持ちが強くない選手の場合は、実力がついていないうちに1軍に上げてしまうと、「あぁ、自分はプロ野球の世界では通用しないんだ」と、自信を失ってしまうかもしれません。

そのような選手の場合はやはり、2軍でじっくりと育てていくことになります。このときも、「1軍での優勝」の経験があるコーチが見守ることがプラスに働くのは言うまでもありません。当然、時期的な問題もあります。夏の終わりごろに2軍で成績を残していても、ポストシーズンで力を発揮できるか、結果を残せるか、など、総合的に判断しなければなりません。そういった視点や、選手の性格、置かれている状況なども考慮してコーチと相談をして決めていくのです。

もしかしたらファンの方には、「なんであの選手は1軍に上げたのに、自分の推しのこの選手はなかなか1軍に上げてくれないんだ！　自分の推しの選手のほうが、2

軍での成績は上じゃないか！」なんて思いを抱かせてしまっていたかもしれません。また、メディアからも同じようなお叱りを受けたりもしました。しかしその舞台裏には、このような事情があったのです。

「巡回コーチ」の役割

循環型の組織をつくる一環として、就任1年目の2015年から「巡回コーチ」という役割を設けました。

巡回コーチとは、1軍と2軍を自由に行き来できるコーチのことです。1軍の試合と2軍の試合、それぞれにベンチ入りするわけではないのですが、2軍で見てきた状況を随時、1軍に伝えてくれる役割を果たします。

従来、2軍から1軍への報告は、「数人分をまとめて書面で」というかたちが一般的でした。しかしそれでは、選手の細かな情報が即座には伝わりづらくなってしまいます。

そこで、巡回コーチの出番です。

毎日、2軍の選手の細かな動きをチェックしながら、たとえば2軍の監督・コーチに「1軍が今、このポジションにケガの不安がある選手を抱えているから、当初の育成スケジュールとは違うけれど、このような能力を持つ選手を準備してくれ」といったオーダーを出したりします。

巡回コーチを設置したことで、1軍と2軍の連動が生まれ、1軍に急遽、ケガや不調の選手が生まれたとしても、戦力の大きな低下は起きづらくなりました。

巡回コーチの設置

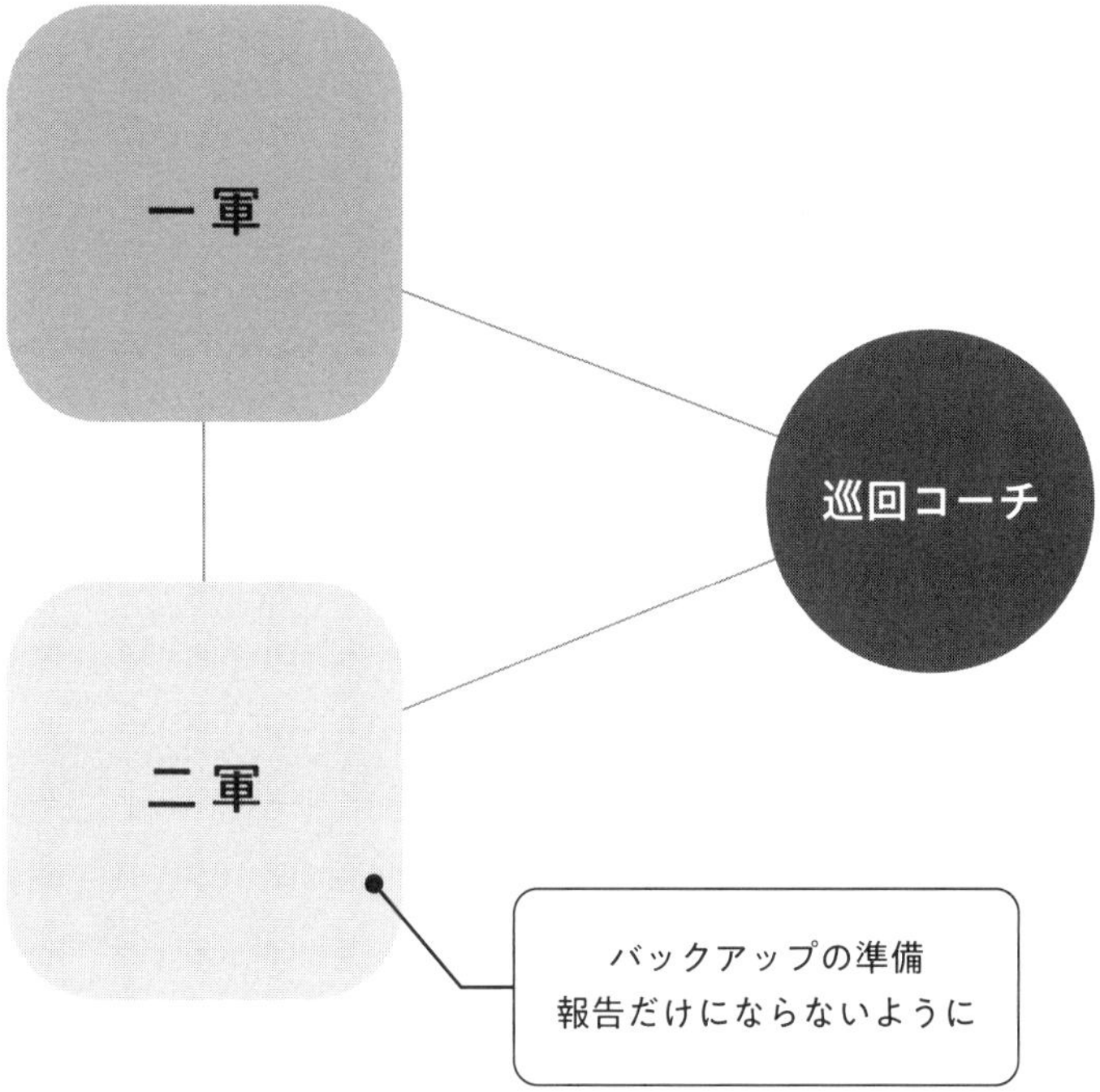
一軍
巡回コーチ
二軍
バックアップの準備
報告だけにならないように

チーム内で「共通認識」を持つ

なぜ「おれたちの好きなようにやるよ」が生まれてしまうのか

前項でお話ししたように、チームには、1軍、2軍、3軍間で話し合った育成計画があります。

「この選手には、このようなステップを踏んでもらって、クリアできたら1軍に上げよう」という計画が、一人ひとりに存在するのです。

その計画を遂行するには、1軍、2軍、3軍間で「共通認識」を持つことが必要不可欠となります。

1軍の出場選手登録枠は29人です。

この29人は、開幕から143試合、ずっと固定され続けるわけではありません。不調やケガ、そして2軍での育成計画をクリアした選手の台頭などにより、随時、入れ替わりが発生します。

誰を1軍に上げ、誰を2軍に落とすのか。明確なケガによって2軍降格を余儀なくされる場合は、ある意味シンプルでわかりやすいのですが、それ以外の理由による1軍、2軍の入れ替えは、とてもシビアなやりとりとなります。

「なんとなく、この選手、最近2軍の試合でよく打っているから、1軍に上げてみるか」といった場当たり的な昇格は、誰のためにもなりません。しかし一方で、1軍の主力が急にケガをしてしまい、2軍での育成計画では誰もが1軍レベルに到達していないと見られる中でも「誰か」を昇格させなければいけない場合も出てきます。

「今日の1軍の試合を勝つ」という目の前のミッションと、「勝ち続けるホークスであるために、一人ひとりの選手を育てる」という長期的なミッション。両方を1軍、2軍、3軍でしっかりと握っていないと、チームはうまく回りません。

1軍で急にケガ人が出て困っているときに、2軍は2軍で「おれたちの好きなようにやるよ」、3軍は3軍で「おれたちの好きなようにやるよ」では、やはり困ってしまうわけです。

ただ、困ってしまうのはわかっているのですが、組織の人間関係というのは複雑なもので、往々にして「おれたちの好きなようにやるよ」が生まれます。次ページの左の図のように、ひとつの組織をつくり上げるそれぞれの部門が、それぞれ単独で動いているような状態です。

こうなってしまう大きな原因が、かつての私のような「リーダーが一方的に押し付けるコミュニケーション」にあると、私は考えています。

「おれたちの好きなようにやるよ」が発生している場面そのものは、それぞれの部門がリーダーに歩み寄っていないようでいて、自身の言動を振り返ると「実はリーダーもそれぞれの部門に歩み寄っていなかった」ということが、よくあるのです。

1軍としての戦力を整え続けたいのなら、私のほうから2軍、3軍の監督・コーチ陣に真摯に説明をし、次ページの下の図のような「重なり合う輪」をつくらなければいけなかったのです。

共有・共通認識・方向性

自分のことを理解してもらうための努力

選手との「共通認識」をどう持つか

1軍と2軍・3軍間、そして監督とコーチの間の共通認識は、比較的「持ちやすい」といえます。

お互いの根本に、「勝つ」という圧倒的説得力を持った目標があるからです。

これが対選手となると、同じように共通認識を持つことが、一段階難しくなります。

もちろん、どの選手も勝つことを臨んでいます。勝ちたくない選手などいません。

しかし、勝った末、優勝した末に、容赦なく戦力外通告が起きうるのがプロ野球という世界です。

いくら「一緒に勝とうぜ」と鼓舞しても、「優勝したところで、どうせおれ、今年でクビだし……」という気持ちが少しでもあると、選手は心の底からは、チームの輪には加わりづらくなるものです。

プロ野球チームには毎年、少なくとも4人が新人選手として入団してきます。1球団の支配下選手登録枠は70人と決められていますから、毎年数人が必ず、チームを去ることになります。

この現実の中で、選手との共通認識を持つには、選手の「役割」に目を向けることが大切だと、私は考えています。

1軍にいる選手には、それぞれの「役割」があります。

「足が速い」という一芸に秀でた選手には、1点を争う場面で代走として出場し、ホームに生還して重要な1点をもぎ取るという役割があります。

「守備がうまい」という一芸に秀でた選手には、試合の終盤で「守備固め」として出場し、難しい打球もうまく処理してアウトにするという役割があります。

また、投手の中には、脚光を浴びやすい「先発」や「勝ちパターンのセットアッパー・抑え」ばかりでなく、1点差で負けている場面で、それ以上点差を開けずにしのいで野手陣の反撃を待ちたいときに登板する選手もいます。

たとえメディアにはあまり取り上げられない地味な役割であっても、試合に勝つためには決して欠くことのできない、重要な役割です。

一人ひとりの持つ役割に目を向け、「このような場面で、君の力が必要になる。しっかりと準備しておいてくれ」と声をかけるのです。

「勝つ」という大きな目的を掲げるだけでは、個々人の事情やメンタルの持ちように よって、共通認識を持ちにくくなるかもしれません。しかし「勝つために、選手にどのような役割を期待しているのか」を伝えることで、個々の力は結束します。

期待された役割をしっかり果たしてくれた選手は、球団からの評価も高まります。結果的には、「戦力外」とみなされにくくなるわけです。

一人ひとりの「役割」に着目し、期待を伝える声かけは、「勝つ」というチーム全体の目的とともに、「一日でも長く野球をやりたい」という選手の思いをも叶えることにつながります。

勝ち続ければ、選手の「未来」もひらける

「黄金時代」を支えた選手は、指導者としても重宝される

私が現役生活を始めた1982年から、入団した西武ライオンズはちょうど「黄金時代」と呼ばれる時代に突入します。

私がホークスに移籍する前年である1994年までの13年間で、11度のリーグ優勝、そして8度の日本一。さすがに「10連覇」こそ達成はしていませんが、まさに孫オーナーが期待する「常勝チーム」そのものだったといえるでしょう。

常勝チームで戦い続けることは、選手にとってとても大きなメリットがあります。

現役を引退後に、監督やコーチとして、さまざまなチームに呼ばれる可能性が高ま

ることです。

実際に、西武ライオンズ時代の同僚だった主力選手たちを見ても、私の前任のホークス監督である秋山幸二さんをはじめ、渡辺久信さん、辻発彦さん、伊東勤さんなど、挙げだしたらキリがないほどの方々が、現役引退後も監督やコーチとして活躍しています。古巣のライオンズに限らず、他球団から声が掛かる方も多くいます。

これは、1965年から1973年にかけて「V9」を達成した、かつての読売ジャイアンツについても同様です。広岡達朗さん、森祇晶さんはのちに監督として、前述・西武ライオンズの黄金時代を築きました。王会長がジャイアンツ、ホークス、そして侍ジャパンの監督として活躍されたことは、私の口から言うまでもないことでしょう。そして、監督になってもプロ野球界を背負い、盛り上げ続けた長嶋茂雄さんの存在も忘れてはいけません。

スポーツの世界には「名選手、名監督にあらず」という格言がありますが、こと「黄金時代を築いたチームで主力として活躍した名選手」に限定すれば、この格言は当てはまらないのではないかとさえ感じます。

「常勝」とは文字通り、「常に勝つ」こと。つまり「常勝チーム」とは、「勝つことが当たり前になっているチーム」を意味します。

そのようなチームで長く活躍してきた選手は、「勝つことが当たり前になっているチームは、勝ち方を知っている」と期待されます。そして、そのノウハウをぜひ、次世代の選手に伝えてほしいと期待されます。

そのため、常勝チームで戦い続けてきた選手には、引退後、監督やコーチの誘いがかかるようになるのです。

私は48歳まで現役生活を続けました。

しかしこれは、かなり特殊な例です。多くの選手は、それまでに引退を決断したり、あるいは球団から戦力外通告を受けたりします。

現役を退いた後、コーチの声がかかるか否か。それは、その人の人生を大きく左右します。

「常勝チーム」をつくることは、選手たちの「引退後」の未来をひらき、また守ることにもつながるのです。

後輩たちには、1日でも長くユニフォームを着ていてほしい

後輩たちに、1日でも長く野球を続けてほしい。

これは、選手時代晩年から、私が抱き続けている思いです。

毎年、戦力外通告を受ける後輩たちを見てきました。

「なんでおれがクビになるんですかね……」

「あいつはまだ現役でいられるのに、なんでおれが……」

そのような言葉を、何十人もの口から、何十回と聞いてきました。

戦力外通告を素直に受け入れつつ、スーツを着て、泣きながら挨拶に来る後輩も、何人もいました。

自分よりも身長が大きく、身体能力も恵まれている後輩たちの姿を見ながら、私はいつも、「もっと長く現役を続ける方法が、何かあったのではないか」と感じていま

した。ベテランと呼ばれる歳になってからは、後輩たちを積極的に、自主トレに連れていったりもしました。「もっとやれ、もっと追い込め」と、あえて厳しく発破をかけたこともありました。

それでも、やらない選手はやりませんでした。

そのような選手はやがて戦力外となり、球団を去った後、「工藤さんの言ったとおりに、もっとやるべきだった」「工藤さんにもっとしっかり教わっておけばよかった」といった手紙をくれました。

手紙を読むたびに、私も胸が痛みました。

プロ野球選手は、恵まれています。

1年活躍したら、年俸がポンと数百万円上がる。3年活躍し続けたら、数千万円上がる。自分で事業を興して成功しない限り、このような収入の上がり方をする仕事はそうそうありません。

普通では起こりえないような収入の上がり方が、普通に起こり得る仕事。それがプロ野球の世界なのです。

だから、努力しなければいけないのです。少々苦しいことがあったとしても、我慢しなければならないのです。

楽をしながらプロ野球の世界で成功しようとしても、無理です。

それがわかっているからこそ、私は選手に、あえて厳しく発破をかけるのです。

そして自らにも発破をかけ、「常勝チーム」をつくるべく、試行錯誤するのです。

試合中の「想定外」を極限まで減らす

ことさら「短期決戦に強い」自覚はない

プロ野球の試合は、セ・リーグとパ・リーグで１４３試合のリーグ戦を行う「レギュラーシーズン」、両リーグの上位３チームが出場できる「クライマックスシリーズ」、クライマックスシリーズを勝ち抜いた両リーグの１チームが戦う「日本シリーズ」に大きく分けられます。

このうち、クライマックスシリーズと日本シリーズは合わせて「ポストシーズン」と呼ばれます。

クライマックスシリーズでは、まず「ファーストステージ」としてレギュラーシーズン２位と３位のチームが３試合制で戦い、２試合先取したチームが「ファイナルステージ」へ進みます。「ファイナルステージ」は6試合制。ファーストステージを勝ち抜いたチームと、レギュラーシーズン1位のチームが戦い、4試合先取したチームが日本シリーズへと進めます。

私が監督を務めた2015～2021年の7年間で、ホークスは日本シリーズに5度出場し（2015年、2017年、2018年、2019年、2020年）、そのいずれをも制して、5度の「日本一」に輝いています。このうち2018年と2019年は、レギュラーシーズンでは2位に終わりながら、クライマックスシリーズ・ファーストステージ、クライマックスシリーズ・ファイナルステージを勝ち抜いて日本シリーズに出場しての日本一でした。

結果としてポストシーズンで高い勝率を残したことから、「どうして短期決戦で勝つことができるのですか？」とお声がけをいただくこともありました。

ありがたいことではありますが、私自身としては、ことさら「短期決戦に強い」という自覚はありませんし、そもそも短期決戦という認識を持っていません。そのために必要な準備を夏ごろから積み重ねて迎えているからです。

レギュラーシーズンにも、ポストシーズンにも、入念な準備をして臨んでいます。「短期決戦だから」と意識して力を入れているポイントはあまりなく（その数少ない「ポイント」はのちほどお伝えします）、基本的にはレギュラーシーズンもポストシーズンも同じように「しっかり準備しよう」と心掛けている、ただそれだけなのです。

「体の準備」「頭の準備」「心の準備」

私は選手時代から、「準備」を意識してきました。

準備は大きく、「体の準備」「頭の準備」「心の準備」に分けられます。

「体の準備」とは、コンディションを整えることです。

グラウンドで思いっ切りプレーするために、体の張りを取っておいたり、ウォーミングアップで入念に体を温めたりといった行動がこれにあたります。

前日のバッティング練習も「体の準備」ですし、ブルペンでの投球も「体の準備」です。自分の体を「戦う状態」にするための準備はすべて「体の準備」です。

もしかしたら、みなさんが「プロ野球選手の準備」と聞いてパッとイメージしやすいのが、この「体の準備」かもしれません。

「頭の準備」とは、「相手のことを考える」ことです。

野球は対戦相手がいるスポーツです。勝つためには、選手個々が自分の技術を高めるだけでなく、「相手を知る」ことがとても大切になります。

相手投手の配球や、相手打者の待つ球、相手チームがこれまでどういう戦い方をしてきたのかといった情報を、自分の頭の中でまとめ、理解しておく必要があります。

次ページに掲載するのは、私が２０１９年のポストシーズン前、選手に配付した資料です。

「相手バッテリーの配球」「自分の前の打者にどういう攻め方をしているのか」「ビハインド時にはどう考えるべきか」といった、考えるポイントをまとめています。いずれも「頭の準備」に大きく関わるものです。

「頭の準備」は、整うのに時間がかかります。試合中、パッと言ってすぐ整うものではありませんから、ポストシーズンが始まる前に、時間的な余裕を持って、選手にこ

身体の準備・頭の準備・心の準備

野手　ポストシーズンに向けて確認事項

KEYWORD ● **準備**

これから試合までの時間・練習や食事・睡眠や
試合開始までどう過ごすのか・
何を意識して何を準備していくのか
どんな時でもベストな勝負ができるために
すべきことを準備する
チャンスがあればピンチがあるのも野球
劣勢状況やミスも十分考えられる

起こり得る**全てを想定**
そのうえでの対処法や
気持ちの持ち方というものをイメージしておく
打席に立つまでの準備

バッテリーの配球
＊バッテリーは基本的に打者の弱点を攻めてくる
　カウント球・決め球を想定
　＝今までの対戦からもイメージしておく
＊ランナーの有無での攻め方・得点圏での配球
例：低めの落ちるボールの割合が増える
　　変化球主体になる　インコースが多くなるなど

（2019年ポストシーズン前に配布した資料をもとに一部抜粋して作成）

のシートを渡しました。

最後は「心の準備」です。

大舞台になればなるほど、選手は気負います。気持ちが昂ぶり、「勝たなきゃ」「自分が何とかしなきゃ」「いいプレーをしなきゃ」と考えます。プロ野球選手とは、そういうものなのです。

しかし気負いすぎると、体が固くなり、最高のパフォーマンスが発揮できなくなってしまいます。

自分の体が固くなっていることに気づくと、不思議と、より「勝たなきゃ」「自分が何とかしなきゃ」「いいプレーをしなきゃ」と気負うようになります。するとます、体は固くなります。

その悪循環を防ぐのが「心の準備」です。

起こりうるありとあらゆるシチュエーションを、あらかじめ頭の中に思い描いておくのです。

追い込まれたときや、ビハインドのときにあわてるのは、あらかじめ「打席に立てば、追い込まれることもある」「試合をすれば、劣勢に立たされることもある」とイメージしていないからです。自分にとって都合のいいイメージばかりをふくらませて試合に臨むから、都合が悪くなったときにあわてるのです。

「想定内」の状況下では、人は、あまりあわてません。

だから試合前には、あえてネガティブな場面のイメージをふくらませて、試合に臨んだほうがよいのです。

「勝つための準備」というと、誰もが「体の準備」にばかり目を向けがちです。しかしそれだけでは、いざ試合の舞台に立ったときに、相手の簡単な揺さぶりで崩れてしまいます。

「体の準備」とともに「頭の準備」と「心の準備」も並行することで、「試合で最高のパフォーマンスを発揮できる状態」をつくり出すことができます。

今を戦いながら「2カ月先」も考える

試合におけるすべての事象を「想定内」にすべくイメージをふくらませる、と言っても、ときには難しいこともあります。

たとえば、プロ野球人生で一度も代打として出場したことのない、常に主力を張ってきた選手がいるとします。

「今日は疲れているだろうから、試合の前半はお休みでいいよ。その代わり、ここぞの場面では代打で起用するから、頼むな」と声をかけ、その選手も快諾したとしても、いきなり代打で結果を出すのは難しいでしょう。

「いける！」という確信を持つには、試合で「実際にやったことがある」という実戦経験が必要なこともあるのです。

私は、ポストシーズンを勝ち抜くためには「第二先発」の存在が重要になると考えていました。

「第二先発」とは、先発投手の調子がイマイチだったり、いきなり打ち込まれてしまったりしたときにマウンドに上がる、文字通り「第一の先発投手」のことです。先発投手の不調によって壊れそうになってしまった試合を立て直し、試合の流れをこちら側に引き戻す、重要な役割を担います。

通常、リリーフ投手は1〜2イニングを投げるのが限界なのですが、「第二先発」を務めるのは、本業が先発投手である選手。早々とマウンドを降りることになってしまった先発投手の後を継ぎ、5イニング、6イニングと投げるスタミナを有していま す。

とにかく「目の前の試合に勝つ」ことが重要な短期決戦。長いレギュラーシーズンとは違います。先発投手の調子を見て「あ、まずい」と思ったらスパッと代える判断も必要になってくると、私は考えていたのです。

ただ「第二先発」は、ポストシーズンに特化した起用法です。143試合を戦うレギュラーシーズンでは、「第二先発」のような、贅沢な投手起用はできないからです。

しかしだからといって、いきなりポストシーズンで「第二先発」を採用しては、まさに「ぶっつけ本番」。いくら「第二先発」として起用する予定の選手に、「体の準備」「頭の準備」「心の準備」をしておけよ、と言ったところで、それは単なる丸投げに過ぎません。「やったことのないことに対し、何を準備すればいいんだ」と選手も困惑するでしょう。

そこで私は、ポストシーズンに出場できそうだと確信を持てた7月後半から、10月に始まるポストシーズンを見据え、「第二先発」を活用した戦い方を始めることにしました。

「第二先発」として起用する予定の選手を、そしてチーム全体を、「第二先発」に慣らしていったのです。

2カ月前から慣らしていけば、ポストシーズンで第二先発を起用しても、選手たちは「いつもの戦い方」と感じることができます。「ポストシーズンだから」「大舞台だから」という気負いも必要以上に感じず、「レギュラーシーズンと同じだな」という感覚で戦えるはずです。

もちろん「第二先発」という起用法それ自体、「レギュラーシーズンには馴染まない」なんてことはありません。勝つために、極めて有効な起用法です。

「今」を戦いながら、実戦経験を積み、「2カ月後」を考える。チームとしての理想的な「準備」に、選手たちは応えてくれました。

不安は「具体的な行動」で消す

不安は、その人を「その人」でないかのように変えてしまう

どんなに優しい人でも、不安があるとソワソワしたり、イライラしたりして、ちょっとしたことでも怒ったり、冷たい態度を取ったりすることがあります。

不安は、その人を、まるでその人でないかのように変えてしまう、不思議な感情なのです。

プロ野球の世界でも、同じことがいえます。不安があると、そのことばかりを考えてしまって目の前のプレーがおろそかになります。その選手の能力を考えれば、「普通」にやりさえすればできるはずのプレーが、普通にできなくなってしまうのです。

私は選手時代から、自分の抱える不安に敏感になっていました。そして、不安を抱えたときは、できるだけ「具体的な行動」でその不安を解消するよう心掛けてきました。

その姿勢は、監督になってからも変わることはありませんでした。

ある選手の状態が気になったら、コーチに確認したり、本人に声をかけてみたりする。

ある選手が取り組んでいる課題がうまく進んでいないようだったら、やはりコーチに確認したり、本人に声をかけてみたりする。

このように、不安材料にあえて直接アプローチすることで、不安を解消するヒントを得ることができます。

一度解消した不安が、再び頭をもたげてくることがあります。

たとえば、「みんなでこれをやろう」と決めた取り組みがいつしかなあなあになってやる人とやらない人に分かれ始め、そこにモヤモヤを感じていたとします。

コーチ陣に問題提起し、ミーティングでもう一度、「みんなでやるって決めたんだから、やろうぜ」と声をかけ、気を引き締めました。

しかしまた、いつしか、なあなあになりかけている……。恥ずかしながら、このようなこともありました。

そんなときは、またコーチ陣に「あの取り組み、また継続できていなくない?」と問題提起し、みんなの気を引き締め直します。

見て見ぬふりをしたり、なあなあにして放置してしまったりするから、不安は消えず、どんどん大きくなるのです。

不安を抱えたら、その不安をコーチに伝え、解消する方法を一緒に探して、見つけてもらう。たったこれだけのことで、心の安定を保てます。

必要なコミュニケーションは「不安」から生まれる

不安が生まれること自体は、悪いことではありません。そして不安を抱えることも、悪いことではありません。周りにどんどん話し、解消する方法を一緒に探してもらうべきです。

私はむしろ、「不安は、チーム運営に必要不可欠なコミュニケーションを生んでくれるものなのではないか」と考えています。

ひとつの例をあげてみます。

優勝するための投手陣を整備しようと考えたとき、理想的なのは次のような状態です。

・○回を○失点以内に抑えてくれると計算できる先発が6人いる
・勝っている試合の7回、8回、9回を任せられるリリーフが3人いる
・その他のリリーフ陣に、抜群の球威を持つ投手、抜群の変化球を持つ投手、ここぞの場面で抑えられる強靱なメンタルと抜群のコントロールを持つ投手がいる
・彼らのコンディションが絶好調である

ただ、この理想が叶うことはそうそうありません。というより、ほぼほぼ夢物語であり、この要素が1年間ずっと揃い続けたら、監督などいなくても優勝できるでしょう。不安の生まれようもありません。

現実は、この理想から、何かが欠けます。むしろ、欠けている要素が多いときのほうが通常であると言ったほうがいいかもしれません。

その「欠けている要素」が、不安の種となります。

「○回○失点を計算できる先発が3人しかいない。どうしよう……」

「勝っている試合の終盤戦を任せられるリリーフが2人しかいない。どうしよう……」

「武器を持つ中継ぎ陣が少ない。どうしよう……」

「先発陣のコンディションが軒並み悪い。どうしよう……」

「欠けている要素」によって生まれる不安はそれぞれです。しかしいずれにしても、この不安を解消する術《すべ》はひとつしかありません。

「欠けている要素」を補える選手が2軍にいないか、投手コーチや2軍の監督・コーチと相談することです。

「今、2軍で、この部分を補える投手は育っていませんか?」
「この投手はどうでしょうか?」
「いいですね。1回使ってみましょう」

これで、懸念している穴が埋まれば、しめたものです。
日ごろから2軍の選手の動きを動画でチェックしておけば、相談はさらにスムーズになります。

「2軍にいるこの投手、今の1軍の窮状を救ってくれると思うのですが、どうでしょうか?」

投手コーチや2軍の監督・コーチから、「面白いですね」という反応がもらえれば、話はとんとん拍子に進みます。

投手陣の不安が解消されると、今度は野手陣が不安になるものですが、それも同じです。相談しながら、穴埋めの策を考えれば、それでいい。それだけのことです。

具体的な行動で不安を解消しようとすると、必然的に、コーチ陣との連携が生まれます。

「監督の不安」が「みんなの課題」となり、チーム全体が回り出すのです。

不安も捨てたものではないと、私は思っています。

「頼る」ことを覚えると、逆境も楽しくなる

ひとりで不安と戦っても、勝てません。

周りの力を借りて、具体的に動き、不安の根本を解消するのです。

「明日、コーチにこの相談をしてみよう。コーチは何て言うかな」

こんなふうに、「明日、助けてもらおう」と考えると、夜もぐっすり眠れます。

「もしかしたら、コーチにはいい考えがあるかもしれないな」なんて都合よく考え出すと、不安を抱える逆境も、なんだか楽しくなってきます。

逆境を楽しいと思えるようになったら、だんだんと怖いものがなくなってきます。

試合に負けても、動画を見返しながら「気になるこの部分、明日、コーチに相談してみよう」と考えれば、気持ちの切り替えも早くなります。

不安を抱えたら、周りにさらけ出してみましょう。

それが結果、チーム全体のためにもなります。

「常勝」で生まれうるデメリット

「勝ち続けること」のデメリット

ここでは「常勝」であることのデメリットをお話しします。
「勝ち続けることに、デメリットなんてあるのか」と感じるかもしれません。
もちろん、「勝ち続けること」それ自体には、何のデメリットもありません。ただ、
「勝ち続けること」で生まれうるデメリットがあるのです。

それが、さきほどもお話しした「慢心」です。

「胴上げの瞬間」が最も怖い

「勝てる」という自信がつくのは、とてもいいことです。

しかし自信は、簡単に、慢心へと変わります。

私は、「常勝・西武ライオンズ」が終わりへと近づくただ中にいて、この怖さを強烈に感じました。

それなのに私は、２０１５年のリーグ優勝、日本一を経て、同じように、自身の慢心による失敗を犯すことになります。

それほどまでに、慢心という感情はいつも「すぐそこ」にいて、誰かが自信を持つ瞬間を今か今かと待っているものなのです。

２０１７年。自身のコミュニケーションのあり方を見つめ直し、選手・コーチとの連携をつくり直したその年、ホークスは再びリーグ優勝を果たし、日本一にも輝くことができました。

ただ、日本一となり、選手・コーチのみなさんに胴上げをされているその瞬間、私が感じていたのは「恐怖心」でした。

失敗の反省を踏まえ、試行錯誤の末に、再び勝ち取った日本一。嬉しくないはずがありません。

しかし喜びに浸れば、必ず慢心に蝕まれます。

慢心の怖さを思い知らされているからこそ、私は胴上げの瞬間、恐怖心を感じていたのです。

勝つのは簡単。勝ち続けるのは難しい

また、日本一になった瞬間、翌年以降はさらに厳しい戦いになることが確定したともいえます。

各球団は「打倒ホークス」を掲げ、エース級の投手をホークスにぶつけ、こぞってホークスを潰しにくるでしょう。マークも今年以上にきつくなるはずです。ホークス以外の5球団が示し合わせるわけではありませんが、結果的には「ホークス包囲網」のようなものが敷かれるのです。

それを乗り越えなければ、連覇はありません。

勝てば勝つほど「Effort（努力）」が必要

2020年シーズンを迎えるにあたって

QED Question・Effort・Discussion

Question（疑問を持つ・考える）

- 常に疑問を持つこと・本質は何か考える
- 技術や戦術・普段の練習・トレーニング・食事・調整方法など
- 疑問に思うことは聞く・知識を深める
- 自分自身や時にはチームにもQuestionをもち
  方向性や努力を見つめ直す
- 情報社会・企業戦略・宣伝などの情報の分別
- プロとして何を選択していくのか

Effort（努力）

- 勝ち続ける努力・プロとしての努力・努力の方向性
- 勝つために何をどの様に努力するのか
- 自分にとって正しい情報の取捨選択を繰り返す
  →その上でのQuestionはどんどんぶつける
- 勝ち続けるチームにとって奢り・慢心・過信がチームを狂わす

↓

- 本当にこの努力で良いのか
- Questionをもち，それに対して納得して努力を重ねる
- プロとして・優勝・日本一を目指すチームとしての自覚を持った努力

Discussion（話し合う）

- お互いに話し合い最善の方法を探す
- 自分にとって，チームにとってベストな選択・努力・方向性は何か
- ブレることなく突き進むためにもディスカッションは必要不可欠
- Questionをもつこと・努力を重ねること
- その中で本当に必要なこと・進むべき方向性を
  ディスカッションし確認する
- 疑問や意見は積極的に言って構わない
- 少しでも良い方向に進むためにお互いに協力し合う

（2020年のキャンプに配布した資料をもとに一部抜粋して作成）

もし仮に、連覇できたとしても、その翌年には、さらに厳しい包囲網が敷かれることになります。

切磋琢磨に終わりはなく、勝つのはどんどん、難しくなります。

肉体を極限まで追い詰めて戦い切った選手たちには、シーズンオフの休養は必要ですが、監督には、来年に向けて休んでいる暇はないのです。

私は2020年の春季キャンプ前、ホークスの選手たちに、前ページのような資料を配付しました。

2020年シーズンを迎えるにあたって、意識してほしい心構えを伝えたものです。なかでも、私がとくに伝えたかったのは、「Effort（努力）」です。

前述のように、勝てば勝つほど、勝つために越えなければいけない山は大きくなっていきます。

勝てば勝つほど、自分たちの技術を向上させなければならないのです。他人と比べるのではなく、昨年の自分たちを超える。体力も技術も例年通りではなく、一年一年成長していくことを私たちは求められるのです。

循環型の組織を目指す

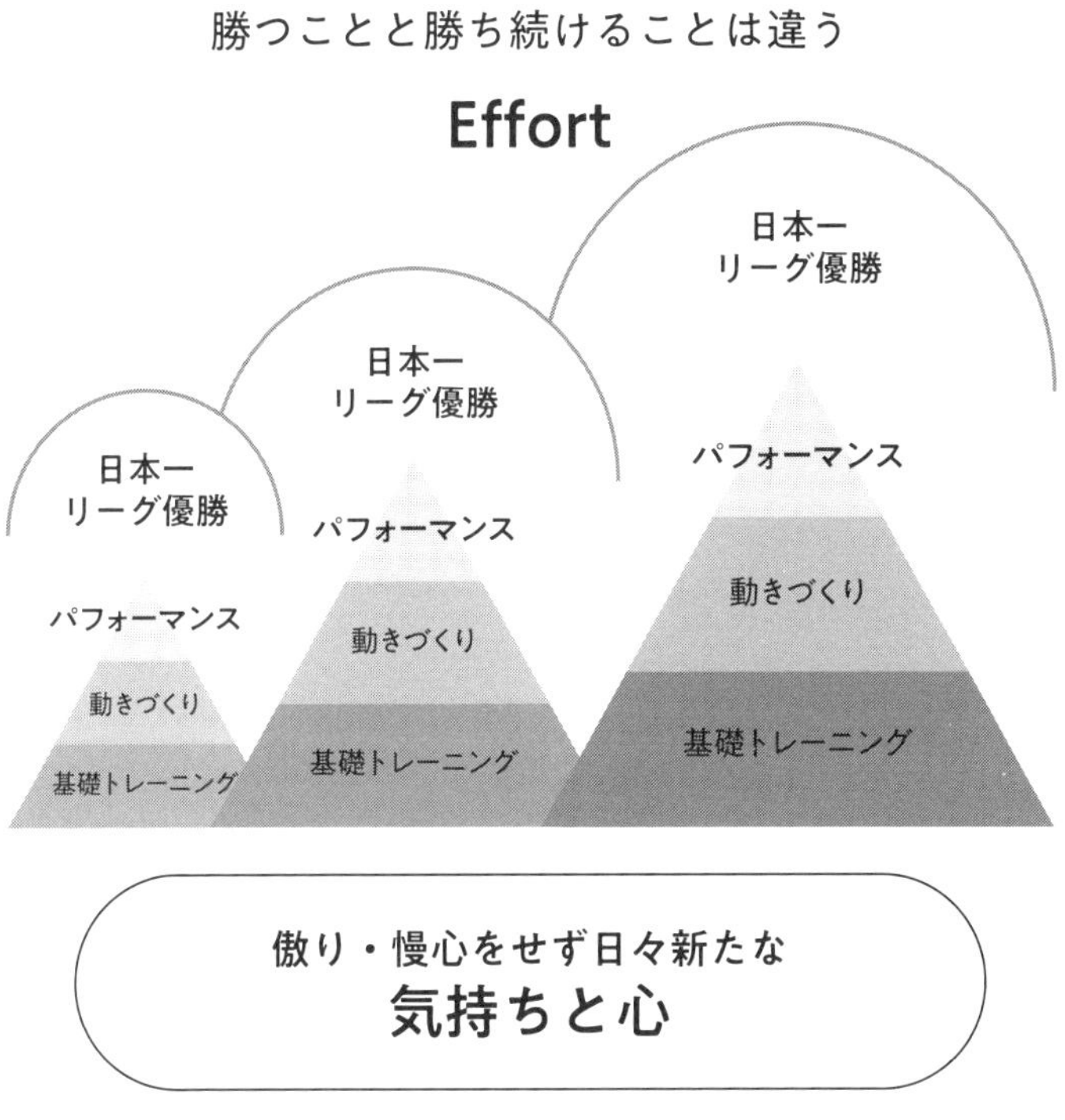
勝つことと勝ち続けることは違う
Effort
日本一
リーグ優勝
パフォーマンス
動きづくり
基礎トレーニング
日本一
リーグ優勝
パフォーマンス
動きづくり
基礎トレーニング
日本一
リーグ優勝
パフォーマンス
動きづくり
基礎トレーニング
傲り・慢心をせず日々新たな
気持ちと心

「勝って兜の緒を締めよ」とは、うまいことを言ったものです。本当にその通りです。勝って慢心を持った瞬間から、堕落は始まります。

外国人選手の「事情」を汲む

日本になじみやすい外国人選手の特徴

もしかしたらプロ野球のチームは、多くの日本企業よりも数段早く「グローバル化」が定着していた組織なのかもしれません。

私が若手時代を過ごした80年代にはすでに「助っ人外国人」という言葉が一般的となっていて、彼らが活躍するか否かが、優勝争いの行方を大きく左右していました。

私はいつも、外国人選手には気を遣うようにしています。

「外国人選手ばかりを特別扱いするな」と思われる方もいるかもしれません。ただ、言葉も通じない、文化もまったく違う国で仕事をするわけです。自分の身に置き換えて考えてみたら、やはり最初だけでも、気を遣ってサポートしてもらったほうがありがたいでしょう。

ホークスでは、春季キャンプ前に毎年、新しく入団する外国人選手と、すでに在籍している外国人選手、みんなで食事会を開いていました。

外国人選手が日本の野球に順応しやすいチーム環境として、「自分が直近まで所属していた国の野球を経験している先輩外国人選手が在籍している」ことがあげられます。

メジャーリーグ経験者同士でも、メキシカンリーグ経験者同士でも、キューバリーグ経験者同士でも構いません。「これまでの野球と日本の野球の違い（ボールの違いや、ストライクゾーンの違いなど）」や「これまでの生活文化と日本の生活文化の違い」などを教えてくれ、困ったときに相談できる先輩がいると、外国人選手は順応しやすいのです。

私が監督を務めていたころのホークスには、日本での野球経験も長い、キューバ出身の外国人選手が在籍していて、新しく入団するキューバ出身の外国人選手に対し、とてもいいリーダーシップを発揮してくれました。毎年、入団する新外国人選手が活躍してくれたのは、彼のおかげでもあると感じています。

歓迎の食事会では、深い内容もざっくばらんに話す

歓迎の食事会では、これまでの野球人生で大事にしてきたことや、今後の起用法など、大事なこともざっくばらんに話し合います。

そして、この場で話し合い、約束したことは、必ず守るようにします。

こちらから起用法を提案し、相手が了承してくれたら、絶対にその起用法から外れた出場のさせ方はしないようにしました。

外国人選手側からの要望があったら、できることはできる、できないことはできないとはっきり伝え、自分の範疇では決裁できないことは、持ち帰ってしかるべき決裁者と話し合うようにしました。

その代わり、外国人選手にも、決めたことは絶対に守ってもらうようにしました。

日本の野球や生活に早く馴染めるように気は遣いますが、それと「決めたことをな

あなあにする」のはまた別問題です。こちらが約束を守り、要望には真摯に対応するのと同じように、外国人選手にも約束を守り、決めた起用法でしっかりと働いてもらう。これがフェアな関係です。

守備が苦手なある外国人選手に守備練習を命じたところ、「今日はやらなくていいよー」と陽気に返されたことがあります。

あまりの明るさに笑ってしまいましたが、私は譲りませんでした。

「いいから、やりなさい」

彼は「しょうがないなぁ」と苦笑いしながら、守備練習を行いました。

こちらが約束を守っている自負があるからこそ、約束を守ろうとしないときには毅然と対応できます。「約束を守る」という、人としてあるべき行動が、実はとても大切なのだと実感します。

外国人選手にはそれぞれの「事情」がある

プロ野球の春季キャンプは2月1日に始まります。しかしそのキャンプ初日に来日している外国人選手は、全球団を見渡しても実はそう多くありません。「なんだ、日本のプロ野球はナメられているのではないか!?」……と考えるのは早計で、外国人選手には外国人選手の事情があります。

たとえば、キューバ国籍選手です。

キューバは社会主義国のため、野球選手も、いわば「公務員」。本業はキューバリーグでのプレーとなり、日本のプロ野球でプレーするキューバ国籍の選手は、「キューバリーグから貸し出されている」ような扱いとなります。

キューバリーグの開幕は、12月。日本でのシーズンが終わったと思ったら、今度は「本業」が始まるのです。

春季キャンプでは、チーム内の連係プレーも練習しますから、フルで参加してもらいたいのはやまやまですが、シーズンオフもなく働き詰めでは、ケガのリスクも大きくなります。実戦続きの彼らには、コンディションやトレーニングの期間を設けてあげないほうが危険なのです。

そのため、キューバ国籍の選手は、事情を考慮してキャンプに合流するのが通例になっています。

また、シーズン開幕日が日本とそう変わらないメジャーリーグと比べると、「2月1日」という日本のキャンプインはかなり早いといえます

長くメジャーリーグでプレーしていた選手は、メジャーのスケジュールに馴染んでいますから、早いキャンプインに抵抗を持つ選手もいます。「開幕日にはしっかり、ベストのパフォーマンスを発揮するから、もうちょっと自主トレでゆっくり調整させてよ」というわけです。

彼らにとっては慣れたルーティン事情はわかります。しかし、無条件で許すと、ほかの選手は「あいつのわがままは許すのか」と感じるでしょう。ですから日本のスケジュールに合わせてほしい旨を伝え、折衝し、落としどころを探ります。

たとえば、長くチームに貢献してくれたある外国人選手は、毎年、キャンプインの

日こそみんなより10日ほど遅かったのですが、シーズンオフの間は定期的に動画を送ってくれて、首脳陣に「今の仕上がり具合」を報告してくれていました。「これならば大丈夫」と思える材料があると、融通も利かせやすくなります。

相手はプロ野球選手です。「試合で活躍したい」「そのために万全の体調で挑みたい」という気持ちは、日本人選手も外国人選手も一緒です。そのために、調整できる部分は調整をし、配慮するのも、監督の役割です。

第3章
選手との目線をそろえる

選手を「知る」

失敗を経て、もがいて見出したコミュニケーション

2016年に喫した、日本ハムファイターズに大逆転を許してのシーズン2位という結果。私がその失敗の原因を「自身のコミュニケーションの拙さ」にあると考えたのは、序章でお話ししたとおりです。

2015年、就任1年目からリーグ優勝と日本一を果たしたことで、私は「自分のやり方は間違っていなかったのだ」という大きな自信を得ました。

しかしその自信は、慢心へとつながることになります。2016年シーズンは、自分の中に少なからず、「私のやり方でやってください。このやり方で、去年も日本一になったじゃないですか。私の言うとおりにやれば勝てるんです」という気持ちがあ

ったのも事実です。

今から思えば、おごり以外の何ものでもありません。自分でも知らず知らずのうちに、選手やコーチ、トレーナーに対して「私の言うとおりにやってくれればそれでいい」という一方通行のコミュニケーションを押し付けるようになっていたのでした。

その年のシーズンオフ。私は反省し、チーム内でのコミュニケーションのあり方を根本から考え直すことになります。

ここからは、私がコミュニケーションのあり方をどのように考え直し、実行したかを、具体的にお話ししていきます。第3章では「選手とのコミュニケーション」、第4章では「コーチやトレーナーとのコミュニケーション」に絞ってお話しします。

第3章の冒頭でまずお話ししておきたいのは、私は決して、「監督と選手は、何が何でもとことん対話すべきだ」とは考えていないということです。

もしかしたら、「普段はあまり選手とコミュニケーションを交わさず、でもいざというときに的確な声を掛けることで、選手のモチベーションやポテンシャルを引き出す」という監督の形もあるのかもしれません。

ただ、２０１６年当時の私には、「選手とどのようにコミュニケーションをとるのが、勝ち続けるチームをつくり上げるために有効なのか」というノウハウがまったくありませんでした。

私の中にあったのは、「とにかく今のままではいけない。コミュニケーションのあり方を改めないといけない」という気持ちだけです。本章で記すのは、そんな私が、必死にもがきながらなんとか見出したコミュニケーションです。

コミュニケーションのあり方を改めるにしても、どう改めるのか。私が思い至ったのは、「まず、選手のことをもっと知らなければ」ということでした。

「待ち」のコミュニケーションでは、選手を知ることができない

就任してから2年目を終えるまでも（つまり私が「コミュニケーションのあり方を考え直さなければ」と思い知る以前も）、私は選手たちに、「話したいことがあったら、いつでも遠慮なく声を掛けてね」とは伝えていました。「選手たちと密にコミュニケ

ーションをとりたい」という気持ち自体は持っていたのです。

しかし、進んで私とコミュニケーションをとりにきてくれる選手はごくわずかでした。考えてみれば当然です。こちらがいくら「ウェルカム」の姿勢を示しても、監督は監督。選手にとってみれば上司であり、気を遣う存在です。好き好んで本心を話しにきてくれる選手は、そうそういません。

「話したいんだったらきていいよ」という「待ち」のコミュニケーションでは、「選手を知る」という目的は果たせないのです。

また、就任当初の2年間は、私のやり方を押し付けていたこともあり、内心で「なんなんだこの監督は」と思われて避けられていた部分もあったのかもしれません。

私は、「選手を知るには、監督である自分から、選手に声を掛けて話を聞かなければならないのだ」と考えました。

私は選手の何を知りたいと思ったのか。それは、選手の「背景」です。

プロ野球選手としての生き方や、練習への姿勢、試合に懸ける思いには、選手の背景が大きく影響します。

いつから野球を始めたのか。学生時代はどんなチームでプレーしていたのか。どのようなポジションを守る、どのような打者だったのか。出身地はどこなのか。どのような家族のもとで生まれ育ったのか。どのような性格なのか。奥さまはどのような人で、どのような家庭を築いているのか。日々の生活の中で大切にしていることは何か。今、困っていることは何か。どのような夢を持っているのか。

このような、選手の「背景」をひとつでも多く知ることができれば、練習や試合の中で、その選手に合う環境を整えることができ、試合でより高いパフォーマンスを発揮してくれるのではないか。私はそう考えたのです。

いきなりプライベートに踏み込まない

ただ、私がいくら「2016年シーズンの反省を踏まえて、コミュニケーションのあり方を考え直したんだ」と態度で示したところで、選手がいきなり心を開いてくれるはずもありません。

そもそも、「選手の背景」とは、言い換えれば「選手のプライベート」でもあります。長い付き合いの友人や恋人、夫婦同士ならまだしも、さほど信頼関係を築けていない監督に対し、プライベートをさらけ出さなければいけない義理は、選手にはありません。

どうしたら、選手は心を開いて、いろいろな背景を話してくれるようになるのか。考えた結果、「毎日の練習前、グラウンドで一人ひとりの選手に挨拶をしながら、『プラスひと声』を掛けてみる」ようにしてみました。

監督がいきなり「選手のことを知りたいから」と、一人ひとりを監督室に呼び出してじっくり話す時間をつくり出したら、選手もきっと「何事だ⁉」とビックリするでしょう。しかし、「グラウンドで挨拶しがてら」なら、お互いそんなに気負うこともありません。

それでも初めは慎重に、「挨拶プラスひと声」程度にとどめました。本当に簡単な、「今日も頑張れよ、頼むな」程度の、プラスひと声です。

毎日、「挨拶プラスひと声」の声掛けを続けていると、なんとなく、目の動きや表情の変化で、選手の心の揺れがわかるようになってきました。

さきほどもお話ししたように、私がいくら気さくに話し掛けたところで、肩書きは「監督」であることに変わりなく、選手にとっては上司です。ある程度の「圧」は感じるであろうコミュニケーションですから、目をそらしたり、つくり笑顔が引きつったりといった、何らかの「サイン」は出やすくなります。

ある選手は、とてもわかりやすいサインを出してくれました。

調子がいいときは「おはようございます！　今日も頑張ります！」と明るい声で、まっすぐ私の目を見て挨拶してくれます。しかし調子の悪いときは、声こそ明るさを繕うのですが、目は伏し目がちになります。そして私が彼の前を去って次の選手に挨拶をしているとき、チラチラと私のほうを見てくるのです。いかにも「監督、もっと話したいことがあるのですが……」と言いたげな視線です。

そんなときは、全選手に挨拶をした後、その選手のところに戻って、ゆっくりと話す時間をとるようにしていました。

「挨拶プラスひと声」を続けることで、選手一人ひとりが放つサインを受けるところができるようになり、だんだんと自身の「背景」を話してくれる選手も増えていきました。

本人のいないところで、その選手の話をしない

さきほど私は、選手からの「不調のサイン」を受け取ったとき、「全選手に挨拶をした後にその選手のところに戻って、ゆっくりと話す時間をとるようにしていた」と述べました。

その際、私はなるべく、コーチも交えて話すように心掛けていました。

理由は、「もしもコーチを交えなかったら、どのようなことが起きるか」を想像していただけるとわかりやすいでしょう。

まず、これは第4章でも触れることですが、選手にとっていちばん近い相談相手はコーチであり、監督はそのコーチから相談を受ける立場です。監督が直接、選手と話し込んでいるのを担当コーチが見れば、「自分抜きで、何を話しているんだろう……」

と気になるでしょう。

私はもちろん、コーチのその気持ちを察して、選手とマンツーマンで話したことを、そのままコーチに伝えることになります。「さっきはこの選手がこんな相談をしてくれたから、こんなことを伝えたよ」と。

気をつけなければいけないのは、ここです。

たとえばある選手が、昨日の試合でエラーをし、今日の挨拶後、私に守備面で不安を抱えていることを打ち明けてくれたとします。

その後、私はすぐ守備コーチに「彼とこんな話をしたよ」と報告するわけですが、そのやりとりを遠くから見ているその選手は、何を思うでしょうか。

きっと「今、おれのことを話しているんだな。さっき話したこと以外に、何か話していないかな。もしかしたら『一度、2軍に落とそう』なんて話しているんじゃないだろうか……」なんて、気になって仕方がなくなるはずです。

ならば初めから、コーチを含めて3人で話し、一度で話を終えるほうがいい。これが、私が導き出した結論です。

本人がいないところで、その人の話をしない。チームの上層部と現場をつなぐ中間管理職である監督がオープンなコミュニケーションを心掛けることで、チーム内に「不要なモヤモヤ」が生まれにくくなります。

コミュニケーションに、必要以上に「意味」を持たせない

私が試合前に球場入りしたとき、挨拶をする順番は常に決まっていました。

王会長がいらっしゃったら、王会長にまず挨拶をします。その後は近くにいる選手に声を掛けながらバッティングケージのほうに向かい、そこで集まっている野手陣とコーチに挨拶。続いて、外野で準備運動をしている投手陣のもとに向かい、一人ひとりの選手とコーチに挨拶をします。

孫オーナーがいらっしゃったらもちろん、真っ先に挨拶しますし、2018年以降は、王会長に挨拶した後は、コーチングアドバイザーとして加わった金星根さんに挨拶をするようにしたりと、自分より役職が上の方に対する挨拶の順番は細かく変わったりはしましたが、基本的には大きな流れが変わることはありませんでした。繰り返

すと「まずは役職が上の方に挨拶→バッティングケージのほうに向かう中で、近くにいる選手に挨拶→バッティングケージの周りにいる野手陣・コーチに挨拶→外野にいる投手陣・コーチに挨拶」といった流れです。

選手の中で、とくに「この選手から挨拶する」といった優先順位はつけませんでした。ざっくばらんにいえば、さきほど述べたように「近くにいた選手から挨拶をする」という、本当にそれだけのことです。

ここにも、私なりの意図がありました。

たとえば、ある選手のエラーが致命傷となり、前日の試合で負けてしまっていたとします。

今日の練習前、私が真っ先に、その選手に挨拶をしにいったら、彼はどう思うでしょうか。

「ああ、おれが昨日ミスして試合に負けたから、監督はそれをずっと気にしていて、今日はまず、おれの様子をうかがいにきたんだな」と感じるでしょう。

中には、「監督に気にかけてもらっている。今日は昨日のミスを取り返して、監督に心配かけないようにしよう」と意気に感じる選手もいるかもしれません。しかしそれでも、負けるたびに、その負けの原因をつくった選手から翌日に声をかけにいくのは、やはり異様でしょう。

それならば、前日の試合で活躍した選手から声をかければよいのか。

そういうわけにもいきません。目に見えて活躍した選手を優先すると、目立たないプレーでチームに貢献している選手や、不調の選手が疎外感を持ちかねないからです。

結局のところ、「近くにいた選手から順番に声を掛ける」がベストなのです。

私が選手とのコミュニケーションをとるのは、選手の「背景」を知るのが目的です。特定の選手と仲良くなるためではありません。

選手が自然に、自らの「背景」を話しやすい環境をつくるには、監督も自然に、「近くにいる人から声を掛ける」くらいの軽い意識で挨拶をしていたほうが、おそらくプラスに働きます。

挨拶の順番に、下手に「意味」を持たせると、その「意味」を勘ぐられてしまうからです。

選手にはいつも「同じトーン」で話す

一試合の中に「いいプレー」も「よくないプレー」も生まれうる

選手に声をかけるときは、誰に対しても、いつも「一定のトーン」で話し掛けるように心掛けていました。

好投したとき、打ち込まれたとき、ホームランを打ったとき、三振したとき、ファインプレーをしたとき、エラーをしたとき……選手には「いいとき」もあれば「よくないとき」もあり、それがチームとしての勝敗に如実に結びつくのがプロ野球の世界です。

その中で私は、いいプレーをした選手に対しても、よくないプレーをした選手に対しても、あえて感情の起伏を抑え、「一定のトーン」で話し掛けるように気をつけていたのです。

もしかしたら、「よくないプレーをした選手に対し、感情をぶつけることなく、いつもと変わらないトーンで話そうと心掛けるのはわかる。でもいいプレーをした選手に対しては、『よくやった！』という感情を素直に表現してもいいのでは？　そのほうが選手のモチベーションも高まるのでは？」と感じる人もいるかもしれませんね。

ただ、忘れてはいけないことがひとつあります。

一試合の中で、「いいプレーをした選手」と「よくないプレーをした選手」の両方が生まれうる、ということです。

たとえば、先発投手が打ち込まれて乱打戦のシーソーゲームになったとします。しかし試合の最終盤、ある選手がサヨナラホームランを打って、なんとか試合に勝利することができました。

試合後、打ち込まれた先発投手に対しては、「いつもと変わらないトーン」を心掛けて「気にせずまた次、頑張ってくれよ」と声を掛け、殊勲のサヨナラホームランを打った選手に対しては「よくやった！　君のおかげで勝てたよ！」と精一杯に感情を表したとしたら、どんなことが起こるでしょうか。

確かにサヨナラホームランを打った選手は「よし、次の試合も頑張ろう」とモチベーションを高めるかもしれません。しかし、私が昂ぶる感情をそのままにサヨナラホームランを打った選手を称えているのを見た、打ち込まれた先発投手はおそらく、「やっぱり活躍した選手のほうがかわいいよな。おれに話し掛けたときよりも明らかにトーンが高い。おれに対しては内心、相当に怒っているんだろうな……」と感じることでしょう。

このような感情のモヤモヤは、思いのほか長く、ズルズルと引きずるものです。次の試合に向けて切り替えるのには時間がかかるでしょうし、もしかしたら、監督に対する不信感として長く抱え続けることになってしまうかもしれません。いずれにしても、選手が最高のプレーをするには、ノイズとなる感情です。

そのため私は、いいプレーをした選手に対しても、よくないプレーをした選手に対しても、常に一定のトーンで話し掛けるように心掛けているのです。

結果のよしあしにかかわらず「同じこと」を言い続ける

また、私が試合後、その試合で先発を担った投手には、常に同じ言葉を掛け続けています。

「また明日からの1週間、大事にしろよ」

この一言です。その投手がナイスピッチングをしたとしても、打ち込まれたとしても、常にこの一言を掛けるようにしています。

はじめは、打ち込まれて早めに降板したときに私からこの言葉を掛けられ、少なからずイラッとした選手もいたようです。「おれは今、ボコボコに打ち込まれてマウンドを降りてきたんだよ。何が『明日からの1週間』だよ。まだ明日からのことなんて考えられないよ」というわけです。

私も長く先発を務めてきましたから、気持ちはわかります。

ただ、「明日からの1週間を大事に」という言葉は、単なる気休めの慰めではなく、先発を任せている投手に対する、心からのメッセージです。

長いシーズンを乗り越え、優勝するためには、先発投手に安定して力を発揮し続けてもらうことがとても重要になります。

先発投手はローテーションを組み、基本的には週1回のペースで投げます。たとえ今日の試合がよくなかったとしても、しっかりと立て直し、1週間後のマウンドではベストのパフォーマンスを発揮してほしい。それが監督としての願いです。だから、「明日からの1週間を大事に」なのです。

この言葉が単なる気休めでない証拠に、私はナイスピッチングをした投手に対しても、「また明日からの1週間、大事にしろよ」と声を掛けます。

選手もだんだん、わかってきます。「あぁ、監督はいつも変わらないんだ。今日の試合がよかったとか、よくなかったとか、そんな瞬間的なことでおれたち選手を見ていないんだ」と。

大事なことは、常に言葉にして伝える。いいときもよくないときも、同じように伝える。これが、自分の考え方をチームに浸透させる上ではとても大切です。

声を掛ける「タイミング」に気を配る

「鉄は熱いうちに打ったほうがいい」とは限らない

試合にミスはつきものです。どんな名手でも、長いシーズンの中では必ずどこかでエラーするものですし、どんなスラッガーでも、絶好球を打ち損じることはあります。わかってはいるつもりなのですが、ここぞの場面で選手がミスをしてしまうと、監督としても「何やってるんだ！」という気持ちにはなります。

その気持ちが収まらないままに、ミスがあった直後に、選手やコーチと「なぜあのミスが起きたのか」を確認しようとしていたのが、2016年までの私でした。

「鉄は熱いうちに打て」といいます。鉄は、熱されて柔らかいうちに鍛え上げないと望む形には仕上がらないことから、物事も熱を持っているうちに取り組むのがいいという意味のことわざです。

私はミスの確認についても、似たようなイメージを持っていました。今起きたミスは、なぜ起きたのかを今確認。それが再発の防止につながると考えていたのです。

ただ、「鉄は熱いうちに打て」方式は、必ずしもうまくはいきませんでした。

そもそも私自身、ミスを見て苛立っている気持ちを抑えきれていませんから、「なぜミスが起きたのか」を確認する語気も自然と荒くなります。

そして苛立っているのは、コーチも、そしてミスをした選手自身も同じです。冷静な人間が誰ひとりいないのでは、建設的な議論にはなかなかなりません。選手が投げやりな態度になってしまったこともありました。

何より、「ミスが起きたその場での確認」がよくなかったと感じるのは、「ミスが起きた背景」を類推する時間を持てなかったことです。

「ぼーっとしているがゆえのミス」と「チャレンジングなミス」は違う

ミスは何も、選手が集中力を欠いているときだけに起きるわけではありません。選手が新しいことに挑戦している過程でも起こり得ます。

たとえば、ある二塁手がエラーをした場合を考えてみます。なお、これは特定の選手ではなく、あくまでも一般的な事例としてお考えください。

1アウトランナー一塁。打者を内野ゴロに打ち取り、ゲッツーを取れれば、チェンジとなってピンチを切り抜けられる場面。首尾よく、打者はゴロを打ちました。ただ、打球はちょうど、一、二塁間。二塁手はなんとか打球を捕ったものの、そこから二塁に投げてゲッツーを狙うには、少々難しい体勢です。無理をせず一塁に投げ、安全にひとつのアウトを取って「2アウトランナー二塁」で仕切り直す選択肢もあったはずですが、二塁手は無理な体勢から二塁に投げ、ゲッツーを狙いました。しかし結果、その送球は暴投となり、ピンチが拡大してしまいました。

この場面だけを切り取ってみれば、無理をした二塁手のミスです。気の短い指導者ならば、「何をやっているんだ！　無理せず一塁に投げておけばいいだろう！」と怒鳴ってもおかしくない場面です。

でも、「ミスが起きた背景」をなんとなくでもつかんでいて、冷静に類推すると、そのミスも違った見え方になってくることもあります。

実はその選手は、今までゲッツーにできなかった打球もゲッツーにできるよう、守備のバリエーションを増やそうと、コーチと二人三脚で取り組んでいる最中でした。あの場面で飛んできた打球は、まさに課題としている、練習で今取り組んでいる打球。試合で試したくなり、チャレンジングな送球をしたところ、暴投してしまったのです。

試合中、冷静さを欠いている中で確認しようとすると、そのような「背景」を仮に知っていたとしても、忘れてしまいがちになります。私の場合、感情が昂ぶりやすい性格ですから、なおさらのことでしょう。

その点に気づいた私は、「なぜミスが起きたのか」「今後どうすればいいのか」の確認は、試合の翌日に行うようになりました。

「冷静になる」という基本的な要素が、実はものすごく重要

「守備のバリエーションを増やし、ゲッツーにできる打球を増やす」という選手の取り組みは、チームにとって、とてもありがたいものです。相手チームのチャンスの芽を一気に摘む機会が増えれば、勝つ確率はぐんと高まるからです。

しかし、その取り組みの過程で生まれる「チャレンジングなミス」を頭ごなしに叱ってしまうと、選手はその後、チームのためを思ったチャレンジングな取り組みをしなくなってしまいます。余計なことをして叱られるくらいなら、無難なことだけをやって、ミスを少なくしたほうがいいと考えるからです。

「背景を知る」だけでは不十分。「冷静になる」という素朴な要素も、実はとても重要なのだと、私は2016年の失敗を経て学びました。

コミュニケーションを円滑にするために努力を重ねているのに、なぜかうまくいかないと悩んでいるときには、一度「冷静になる」ための時間を置くことをおすすめします。「その場で言う」ばかりが、コミュニケーションではありません。

ミスや失敗、問題が発生したときの対応

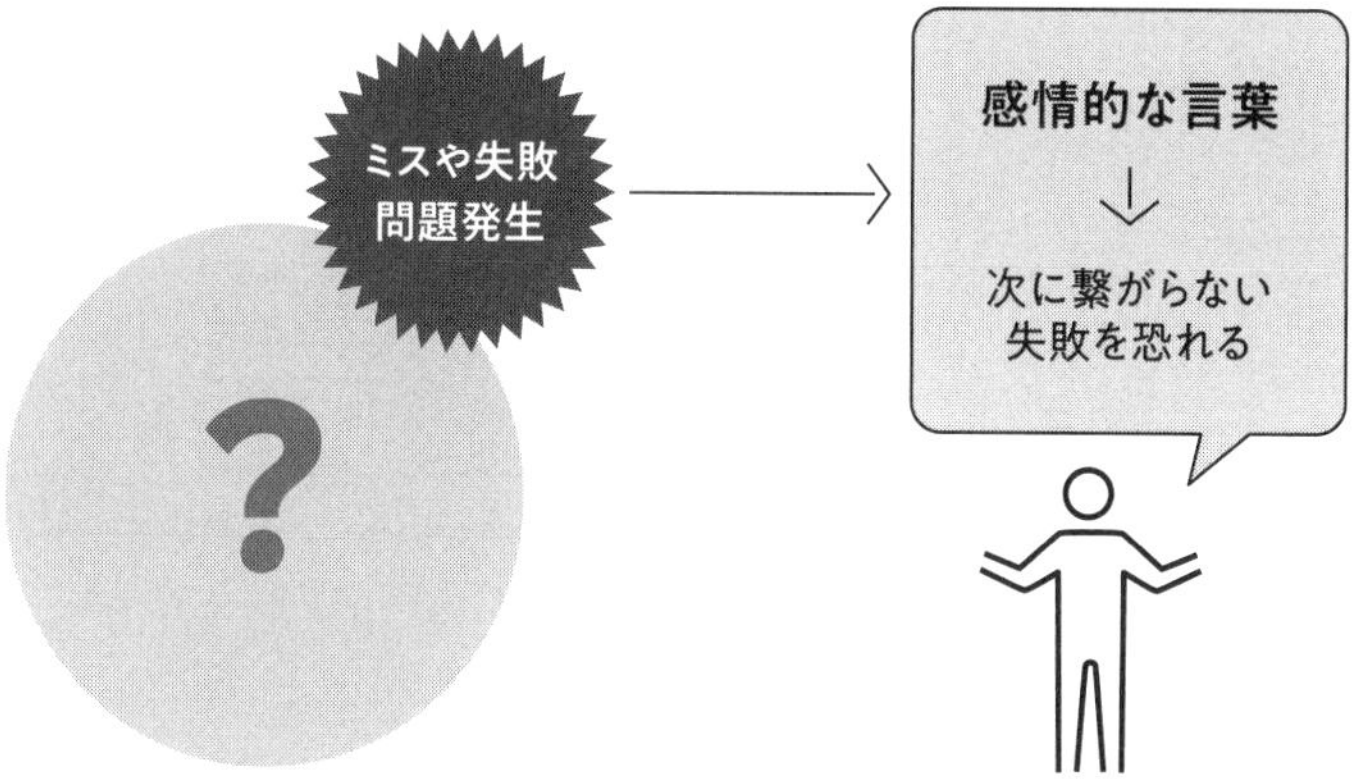

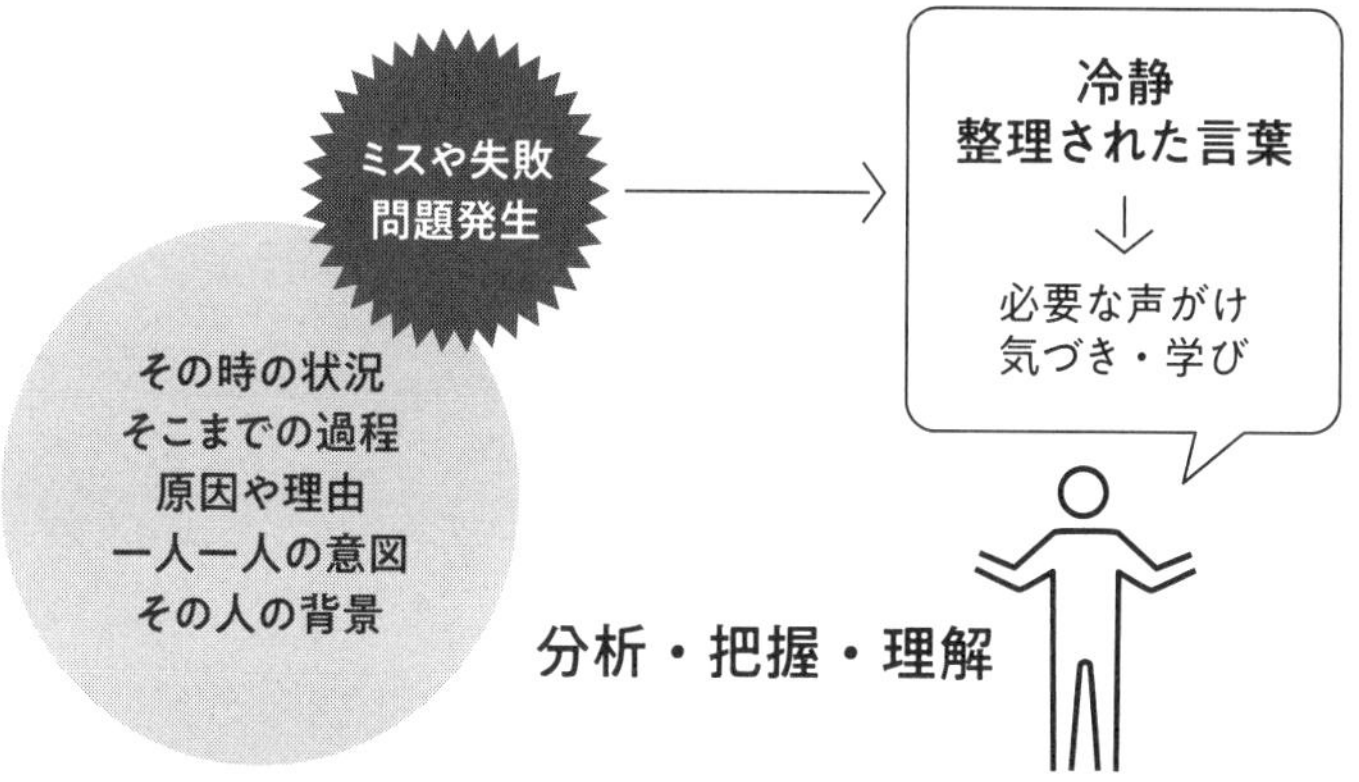

「噂」に流されず、自分の目で確かめる

赤の他人同士。仲違いやトラブルはつきものと考える

プロ野球チームといえど、一人ひとりの選手、コーチ、トレーナー、監督は、基本的には赤の他人です。気心の知れない赤の他人100人以上が、「優勝する」という目的のもとに、さまざまなプロセスを経て集められているのがプロ野球チームなのです。

これはおそらく、日本に存在する大多数の会社と同じような環境ではないかと想像します。みなさんが勤めている会社もきっと、「利益をあげる」という目的のもとに、さまざまなプロセスを経て集められた、赤の他人によって成り立っていることでしょう。

赤の他人の集まりなのですから、仲違いやトラブルはつきものです。

多くの場合、勘違いや誤解が原因で発生するため、そこが解消されれば関係性の修復もできるのですが、集団の中における仲違いは結構複雑です。お互いに「こいつとは合わないな」と思う人がそれぞれに派閥めいたものをつくって「あいつらとは付き合わないようにしようぜ」なんて言っている場合もあれば、ちょっとした言動を取り上げて「あいつ、ちょっとおかしくない？」なんて噂を流したりする場合もあります。みなさんの職場でもおそらく、似たようなことがあるのではないでしょうか。

赤の他人の集団である以上、仕方のない部分ではあるのかもしれません。ただ、リーダーが一緒になって派閥争いめいたものに加わったり、主観が入った噂に流されたりしてしまうと、組織は崩壊します。

「噂」は怖い

たとえば、Aという選手が、チームにとってよろしくない行動をとっているBという選手を咎《とが》めたとします。

これは一般的な例ですから、「チームにとってよろしくない行動」はみなさん、自由に想像していただいて構いません。

Bが派閥めいたものをつくり、仲間たちと毎晩遅くまで飲んで遊んでいたのかもしれませんし、「一緒にあいつを無視しようぜ」なんて子どものようなことをしていたのかもしれません。とにかくAは、チームにとってよろしくない行動をとっているBを咎めたとします。

もちろんBは、面白くありません。Aに対する反発を強めるばかりでなく、「Aはおかしい。チームの和を乱そうとしている」なんて噂をそこかしこで立て始めます。

その噂が次第に大きくなり、「監督、なんか、Aがチームに波風立てているらしいんですよ」と、監督の耳に入ってきたとしましょう。

ここで監督が、その噂を信じ、「おいA、最近なんか、いろいろ争いを起こしているらしいじゃないか」なんて注意をしようものなら、チームは崩壊してしまうでしょう。

本当にチームにとってよくないことを巻き起こしているのはBのほうですし、それを是正しようとしたAの良心すらも踏みにじることになるからです。Aはその後「こんなチーム、どうにでもなれ」という気持ちになり、チームのための行動をとらなくなるでしょう。

組織にはさまざまな立場の人がいて、それを取り巻く人々がいます。自分の都合の良いように情報を扱ったり、情報を鵜呑みにしやすい人や感情的になりやすい人に情報を流し、他人を使って乱そうとするような人もいます。さらには他人を煽るだけ煽って、いざとなれば自分は逃げてしまうような人は、組織にとって非常に危険です。

大切なことは、情報が錯綜している中では、俗な噂話に惑わされず、常に冷静に物事を客観視することです。これはチームや組織を動かすうえで重要な要素のひとつだと思います。

噂には、必要以上に踏み込まない

妙な噂を耳にしたら、自分の目と耳で確かめることが大切です。

監督がいきなり当人を呼んで話を聞こうとすると、おおごとになります。

まずはコーチに話を聞いて、本当にそのようなことがあるのか、あるとしたらいつ、どのようなときに起こっているのかをつかみ、「なぜ、そのようなことが起きているのか」を一度、自分の中で考えるのです。そのうえで、本当に必要なのであれば、当人に話を聞き、事実なのか、事実だとしたらなぜそのようなことがあったのかを確認します。

選手同士は、同じチームの仲間であり、またライバルでもあります。妬みやひがみといった感情も、当然生まれます。人間なのですから、それは自然なことです。

しかし中には、妬みやひがみといった感情に流され、その対象となる選手の悪口や、妙な噂を流す人もいます。

その噂にいちいち付き合っていては、かえってチームはガタガタになってしまいます。

妙な噂に動揺せず、コーチと連携して事実関係を確かめたうえで「あえて深く関知しない」姿勢をとることも、中間管理職としては大切なことだと、私は考えています。

第４章

コーチとの関係を築く

「組織図」に忠実にコミュニケーションをとる

「スタンドプレイ」は組織全体に不協和音を起こす

コーチとのコミュニケーションについてお話しするにあたって、次ページに改めて、私が考えた組織図を示します。

球団の上層部と現場とをつなぐ中間管理職が監督なら、監督と選手とをつなぐ中間管理職がコーチです。会社でいうならば、監督は「部長」、コーチは「課長」という位置づけになるでしょう。

2016年シーズンの失敗を踏まえ、私が組織図を見ながら、自身のコミュニケーションのあり方を考え直したのは、序章でお話ししたとおりです。その中で私は改めて、「組織というものは、実によくできているな」と感心しました。

「監督」の立ち位置

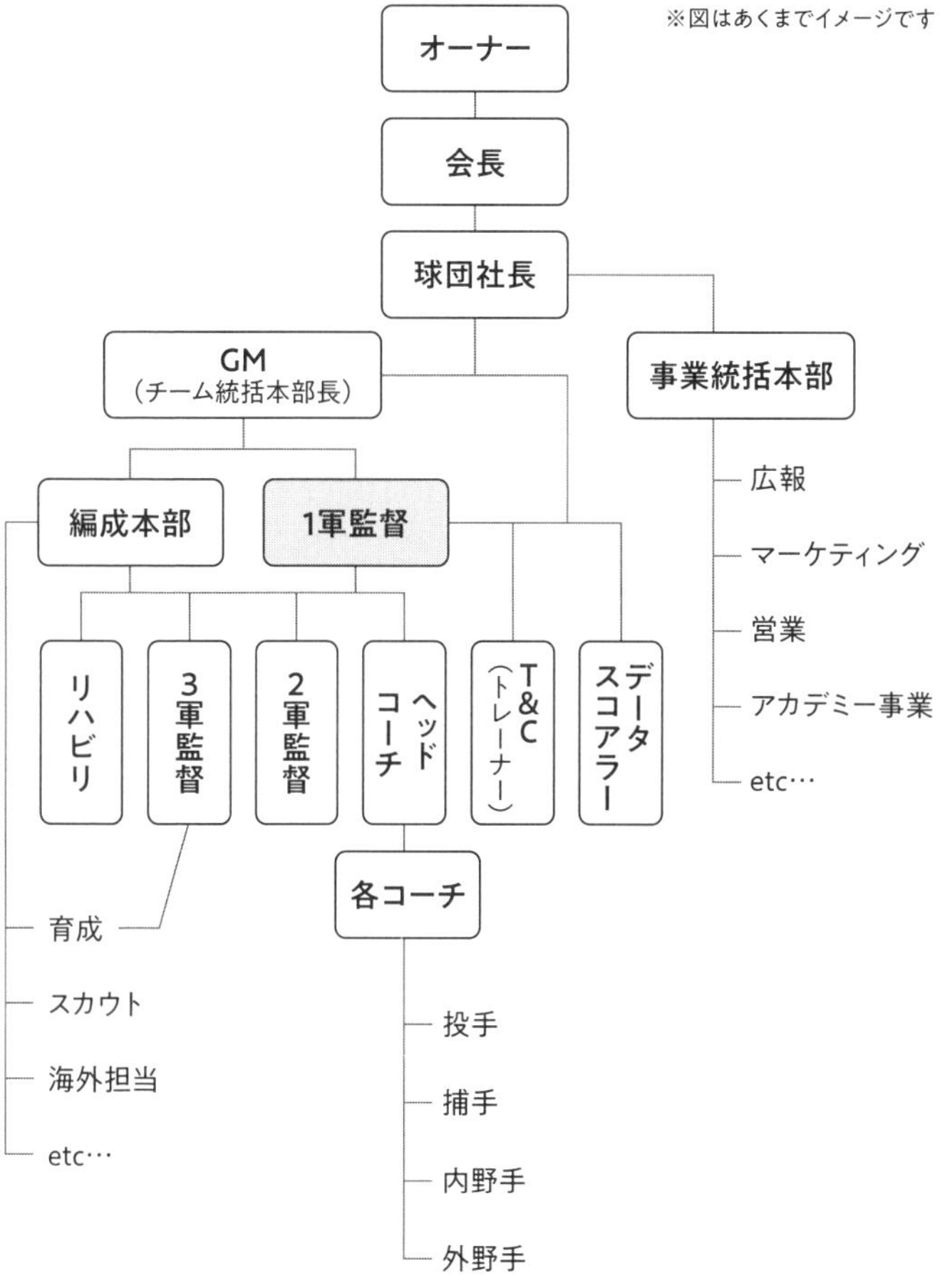
※図はあくまでイメージです
オーナー
会長
球団社長
事業統括本部
広報
マーケティング
営業
アカデミー事業
etc…
GM
（チーム統括本部長）
編成本部
1軍監督
リハビリ
3軍監督
2軍監督
ヘッドコーチ
T&C（トレーナー）
データスコアラー
各コーチ
育成
スカウト
海外担当
etc…
投手
捕手
内野手
外野手

組織図は、組織の指示系統を最も簡潔に表したものです。「この組織図に沿ったコミュニケーションが行われれば、組織はうまく回る」という、理想型を示したものともいえます。

逆にいえば、組織図を無視したコミュニケーションがそこかしこで行われるようになると、その組織はうまく回らなくなってしまうということでもあります。

平社員がいきなり、課長も部長も飛び越えて、社長に直接、会社をよりよくするための提案をしたら、部署全体がざわつくでしょう。「お前、直属の上司には何の相談もなく、いきなり何をやっているんだ」と課長は思いますし、部長はおそらく、「君のところの部署はどうなっているんだ」と社長に叱られます。

同じように、社長がいきなり、一平社員の仕事の仕方を逐一指導し始めても、やはりその部署は戸惑うでしょう。相手が社長なだけに、表立って抗議もしづらいでしょうが、内心では「社長……そこは私たちに任せてください」と、部長も課長も思うはずです。

これをプロ野球の現場に当てはめても、まったく同じことが起き得ます。

中間管理職である監督が、まるで球団のトップであるかのように振る舞ったり、コーチを飛び越えて直接、一人ひとりの選手を指導し始めたりしてしまったら、チームはスムーズには回らなくなってしまうのです。

「技術的な話」は必ずコーチを交える

私は2017年以降、選手と技術的な話をしたいときには、事前に必ずコーチに確認を取り、できるだけコーチを含めた三者で話し合うようにしていました。

リードについて捕手と話したいときには、バッテリーコーチを含めた三者で、野手と打撃について話したいときには、バッティングコーチと三者で話すようにしたのです。これは、現役時代の私のポジションであった投手についても同じで、必ずピッチングコーチを交えて話すようにしていました。

また、内野手・内野守備コーチと三者で話す中で、「これは外野守備コーチにも話しておいたほうがいいよね」という議題が出てきたら、その内容をすぐに外野守備コーチに伝えるようにしていました。

チーム全体が、「日本一になる」というひとつの目標に向かって一致団結するには、誰ひとりとして、自分が管轄する分野について「そんな話、聞いてないよ」というようなことがあってはならないのです。

恥ずかしい話ですが、2016年シーズンまでは、「そんな話、聞いてないよ」に端を発するコミュニケーションのトラブルが多々ありました。

私としては、選手と話をした段階で「当然、コーチにもその話は伝わるもの」と考えていました。

しかしそれは、私にとって都合のいい思い違いだったのです。

選手にしてみれば、「当然、コーチと話をすり合わせた上で、あえて監督が直々にアドバイスしてくれているのだろう」「監督が直々に自分にアドバイスしてくれているのだから、コーチが異を唱えるわけがないだろう」と考えるのが、むしろ自然でしょう。わざわざコーチに、「さきほど監督からこのような話がありましたが、コーチも了承の上ですか？」なんて確認するほうが、むしろ無礼です。

そのため、結果として「コーチに相談もなく、監督が勝手にアドバイスした」ようなかたちになってしまう例が生まれ、コーチの気分を害してしまうことがあったのです。

「私の言うとおりにやってもらったら優勝できる」「私が直接、選手に言ったほうが早い」といった思い上がりが、結果として、チームに不協和音をもたらしてしまっていたのでした。

頼まれたときのみ「例外」を設ける

反省した私は、「組織図に忠実なコミュニケーション」「『そんな話、聞いてないよ』のない、オープンなコミュニケーション」を心掛けるようになりました。

そもそも好かれるタイプではない私ですが、コーチ陣もしぶしぶでも、だんだんと、私を信用してくれるようになりました。

ただ、ときには、「組織図に忠実に」「オープンに」といった、私の中における「チーム内のコミュニケーションの原則」を守るだけではうまくいかない場面も出てきました。

たとえばあるとき、選手が「これはコーチに話してほしくないことなのですが……」と、私だけに悩み事を打ち明けてくれたことがありました。意を決して、腹を割ってはなしてくれたその話を、まさかコーチに告げ口するわけにはいきません。このときばかりは私も、聞いた話を自分の腹の中にとどめました。

ときには「例外」も必要です。しかしそれは、相手から頼まれたときだけ。自分発信のコミュニケーションは常に、「組織図に忠実に」「オープンに」を心掛けていました。

「目線」は多いほうがいい

どのような投手にも必ず「攻略法」がある

2016年シーズンまでと、2017年シーズン以降とでは、スタメンや打順の決め方がガラッと変わったと、序章で記しました。

ほとんど私が決めていた2016年までと違い、2017年からは、私とコーチ陣がそれぞれに原案を持ち寄った上での合議制で決めるようになったのでした。

その取り組みが功を奏し、2017年にはリーグ優勝を奪還。そして2017年から2020年まで、日本シリーズを4連覇することになります。

スタメンや打順を合議制にしたことで、ホークスはさらに攻撃力を増しました。その理由は、スタメンや打順を考える「目線」が増えたことにあると、私は考えています。

プロの世界で29年間、投手として戦い続けてきましたが、どのような投手にも「攻略法」というものがあると思っています。

どんなに難攻不落と思われる大エースが、絶好調の状態で投げていたとしても、必ず「付け入る隙」はあります。

攻略法を見出したからといって、必ず打てるかといえば、そうではありません。打者には打者の「付け入る隙」があり、そこを相手も突いてくるからです。

お互いをいかに攻略するか。そのせめぎ合いが、プロ野球のひとつの面白さでもあります。

プロ野球のレギュラーシーズンは「予告先発」が採用されていて、試合の前日には、「相手チームが、誰を先発投手にしてくるか」がお互いにわかるようになっています。

私はもちろん、２０１６年シーズンまでも、予告されている相手先発投手の「攻略法」を考えて、スタメンや打順を決定していました。

しかし合議制にしてから、コーチ陣の存在に心強さを感じるようになり、独断で決めていた2016年までの自分を悔いました。

私は私なりに、さまざまなデータや映像を見ながら相手投手を分析しますが、コーチ陣もそれぞれに、私が重視していなかったデータや、思いもしなかった発想から、相手投手の攻略法を導き出し、私に提案してくれます。

相手を攻略するための目線が増えたことで、「攻略法」の精度は格段に高まりました。

私は毎試合、自分なりに考えた4パターンのスタメン・打順をコーチ陣に提示。コーチ陣もそれぞれに1〜2パターンを考え、机の上に7〜10パターンのスタメン・打順を並べながら、お互いが考えた「攻略法」をプレゼンし合い、議論を重ねました。

「責任」は渡さない。「自覚」を渡す

コーチ全員の意見を聞いた上で、「すみません、今日はやっぱり自分の案でいかせてください」と申し出ることもありましたが、「このオーダーは面白いから、今日使

わせてください」と、コーチの案を採用することもよくありました。

2016年までは、まずあり得なかった光景です。

かつては、私がすべて、最終決定を下していました。意見を聞いても、どこか「どうせ最後は監督が決めるんでしょ?」といった、冷めた感情が伝わってきたこともありました。

試合に勝っても「監督が考えたオーダーで勝ってよかったですね」、負けても「監督が考えたオーダーで負けて残念でしたね」といった感じで、何ともいいようのない他人事感が漂っていました。

事実、コーチたちの意見がどうであろうが、最終的には「私のやり方でやってください」と押し付けていたのですから、無理もありません。

しかし合議制となり、コーチたちの目の色は、明らかに変わりました。

「自分の考えたオーダーで、そのまま試合に臨む可能性がある」となると、やはりコーチたちも、気合いが入るものです。

私はコーチたちに、こう伝えていました。

「仮に、考えてくれたオーダーが空振りに終わったとしても、責任は私がとります。だから、思い切ってオーダーを提案してください」

するとコーチたちは、どんどんアイデアを出してくれるようになりました。

試合の勝敗の責任は、監督しかとれません。その意味で、コーチたちに持ってもらいたい感情は、「責任感」ではありません。

自分がホークスのコーチであり、誰ひとりとして欠くことのできない存在であるという「自覚」です。

そのため私は、コーチに対し、「今日の試合は、あなたの組んだオーダーで臨みます」という姿勢をとらないように努めました。

コーチの意見を採用しつつも、「私が『コーチも最善のオーダーを考えてくれ』と頼んだ」というスタンスは崩さないようにしたのです。

監督が「責任」を担い、コーチは「自覚」を持つ。それぞれの役割に応じた「重み」をお互いに感じながら、試合前の議論を重ねていきました。

合議制を「マンネリ化」させないポイント

ただ、いくら合議制といえど、シーズン１４３試合、同じように議論を重ねるとなると、どうしてもマンネリ化してきます。

すべてのコーチの意見を公平に聞いているつもりでも、だんだんと、自分の考えに近い意見を耳に心地いいと感じるようになったり、同じコーチのオーダーばかりを採用するようになったりといったことが起こり得ます。

そこで私は、直近で意見の採用率が低いコーチの意見をあえて採用する日を設けていました。

いつまでも自分の意見が採用されないと、「『コーチの意見が大事』なんて言いながら、結局は自分のお気に入りのコーチの意見だけ聞いて、自分の意見は聞いてくれないのか」といった、あらぬ疑念が生まれかねません。疎外感を持つコーチが出てしまっては、結局、2016年までのコミュニケーションとそう変わらないということになってしまいます。

合議制のそもそもの目的は、「自分ひとりでは考えつかない意見を取り入れる」ことにあります。その意味では、ときに「第一感では『採用しづらい』と思ったオーダーで試合に臨む」というのも、理にかなってはいます。

どうしても引っ掛かるところがあったとしたら、「ごめん。ここだけはこちらでいかせてくれ」と、その部分だけ手を加えさせてもらえばいいのです。

ときには「受け入れづらい」意見もあえて採用することで、思考を凝り固まらせず、かつ意見の出し手のモチベーションも保つことができます。

提案は、まずやってみる

「推薦された選手」は全員、自分の目で見る

チーム運営が「監督のひとりよがり」にならない方法はただひとつ。チームに関する課題や進め方を、コーチときちんと相談して決めることです。

スタメンや打順、投手起用についてコーチに意見を聞くことの「大きな効果」を実感した私は、「責任は監督がとる」ことを前提に、ありとあらゆる物事について、コーチの意見を聞いてみることにしました。

春季キャンプで「1軍スタート」「2軍スタート」となる選手の振り分けも、そのひとつです。

2月1日からオープン戦の開幕まで、3〜4週間続く春季キャンプでは、各球団、支配下登録選手と育成契約選手の合計80人前後を「Aチーム（開幕1軍候補）」「Bチーム（開幕2軍、もしくは3軍候補）」に分け、Aチームは1軍の監督・コーチ、Bチームは2軍、3軍の監督・コーチがついて集中的に練習するのが通例です。

私はAチームの人数を限定せず、コーチの推薦があった選手は全員、Aチームで見るようにしていました。

1軍の出場選手登録枠は29人。春季キャンプの目的は、シーズン開幕までに個々の能力やチーム連携を鍛え、「ベストの29人」を選定することにあります。コーチから推薦があった段階から「この選手はちょっと……」と監督の「色眼鏡」でふるいにかけてしまっては、「ベストの29人」を選定するうえでの分母が小さくなってしまいますし、選手同士がお互い切磋琢磨するための競争も起きにくくなります。そもそも、せっかくのコーチの推薦を、具体的な理由なく「この選手はちょっと……」と断ってしまっては、「じゃあ監督がひとりでやれ」ということになってしまうでしょう。

1軍に「ベストの29人」をそろえたい。これは1軍の監督・コーチだけでなく、2軍監督・コーチ、3軍監督・コーチ共通の思いです。コーチはそのために、「Aチーム」で見てもらいたいイチオシの選手を推薦するのです。

断る理由はありません。たとえ「Aチーム」の人数がぶくぶくに膨れ上がってしまっても、推薦された選手は、全員Aチームで見ていました。

コーチの「やりたいこと」を実現する

序章で私は、「監督とは『決める人間』ではなく、『準備する人間』だと思うようになった」と述べました。

もちろん、監督には決定権があります。決定から逃げるのは、そのまま「責任逃れ」にもつながります。

だからといって、「責任を果たそう」と気負い、なんでもかんでも独断で決めてしまっては、ひとりよがりのチーム運営となり、各所に不満が溜まって、いずれうまくは回らなくなります。

では、どうすればよいのか。

私が見出したのは、監督である自分に決定権があることを活かし、「コーチがやりたいことをどんどん実現する」という道です。

一コーチが、自分ひとりで「この取り組みをやってみたい」と言っても、なかなか実現には至りません。

しかし、一コーチの提案に対し、監督が「それいいね！　やろうよ！」といった途端に、それはチーム全体の取り組みとなります。

監督は、コーチの提案を簡単に潰せもしますが、簡単に実現することもできるのです。

前項でもお話ししたように、私はコーチに、次のような言葉をかけていました。

「提案が空振りに終わっても、責任は私がとります。だから思い切って、どんなことでも、どんどん提案してください」

やりたいことがあったら、すべてやってもらう。２０１６年までの、「私のやり方でやってください」と押し付けるコミュニケーションを反省した私は、２０１７年からは一転、コーチの提案を積極的に採用する方向に舵を切ったのです。

コーチの提案に対し、私が即座に、「いいよ」と言うものですから、コーチは最初、面食らったような反応を見せていました。

「えっ。本当にいいんですか？」

この驚きの反応を、何度見たかわかりません。

「『本当にいいんですか？』って、いいと思って提案して、許可をもらいたくて僕のところに来たんでしょう？」

「確かにそうなのですが、本当にOKしてくれるとは思いませんでした」

こんなやりとりを重ねながら、ホークスは、新たな試みをどんどん取り入れていきました。

大切なのは、監督が決して「責任」を手放さないことです。

「やりたいようにやっていいよ。その代わり、うまくいかなかったら責任は自分でとってね」では単なる丸投げですし、今度は監督の存在意義がなくなってしまいます。

結果が出なくなったとき、責任をとってチームを去らなければならないのが、「プロ野球の監督」という中間管理職の特殊なところです。重い仕事ではありますが、その分、大きな結果を得たときの喜びは、言葉では言い表せません。

おわりに

２０１７年から２０２０年にかけて４年連続日本一に輝いたホークスは、翌２０２１年、レギュラーシーズン４位に沈みます。

日本シリーズはおろか、クライマックスシリーズにすら進出できなかったのは、私が監督に就任した２０１５年以降、初めてのことでした。

私は、監督の職を辞する決断をしました。

「選手・コーチは自覚を持って戦い、責任は監督が負う」

これが私の持論です。

そして２０２１年、私が責任を取るときがきたのです。

球団からは慰留をしていただきましたが、私は我を通させていただきました。

「監督就任時に、孫オーナーから『10連覇できるチームをつくってくれ』という思いを託された以上、ポストシーズンにも進出できない年がきたら、そのときは監督を辞める」。これが、ずっと胸に抱いていた、私の覚悟だったからです。

ユーティリティプレイヤーの育成、巡回コーチの設置、循環型組織の構築。私が思い描く、「勝ち続けるチームづくり」への取り組みは、ある程度実現させていただきました。

2016年の失敗を踏まえ、監督としてのあり方、コミュニケーションのあり方を見直し、反省を活かしてきました。

それでも勝てないときがきたのなら、それはもう、私が監督を辞するときということなのです。

球団に慰留していただき、「そうですか、ではもう1年、お世話になります」と引き受けるようでは、ただの馴れ合いになってしまいます。

馴れ合いは慢心を生み、慢心はチームを、静かに堕落へといざないます。

選手やコーチに「責任は私がとります」と言っていたその言葉も、ただの「口だけの美辞麗句」だったと受け取られ、信頼関係は失われていくでしょう。

ポストシーズンに進出できなかったタイミングで、監督の職を辞する。ホークスが再び、ポストシーズンの、そして日本シリーズの常連になるためには、これがベストなのだと、私は考えたのです。

もっとできることがあったのではないか。まだこのチームで監督をしていたい。

――正直、さまざまな思いがありました。

しかし私は、チームを去ることにしました。

2015年、監督としてホークスに迎え入れてもらったおかげで、私は長年にわたり抱き続けていた「福岡の地に、福岡のファンに恩返しがしたい」という思いを叶えることができました。

ふだんは球場に来られない、入院している野球好きの子どもたちに会いにいけたり、被災から復興している最中の地で野球教室を開けたりと、さまざまな子どもたちに会うことができました。現役を引退後、全国の少年野球チームを巡回して指導しようと具体的に計画を立てていた私にとって、未来ある子どもたちと野球の話をする時間は、心洗われるひとときとなりました。

選手、コーチ、トレーナー、球団スタッフとは、ともに悩み、ときにはぶつかり合いながらも、「勝つ」というシンプルな目標に向かって邁進することができたと感じています。

すべては、孫オーナーと王会長に、監督としてチャンスを与えていただいたおかげです。

あらゆる方々に感謝の念を抱きながら、筆を擱《お》くことにいたします。

ありがとうございました。

工藤公康

工藤公康（くどう・きみやす）

1963年愛知県生まれ。1982年名古屋電気高校（現・愛工大名電高校）を卒業後、西武ライオンズに入団。以降、福岡ダイエーホークス、読売ジャイアンツ、横浜ベイスターズなどに在籍し、現役中に14度のリーグ優勝、11度の日本一に輝き優勝請負人と呼ばれる。実働29年プロ野球選手としてマウンドに立ち続け、2011年正式に引退を表明。

最優秀選手（MVP）2回、最優秀防御率4回、最高勝率4回など数多くのタイトルに輝き、通算224勝を挙げる。正力松太郎賞を歴代最多に並ぶ5回、2016年には野球殿堂入りを果たす。2015年から福岡ソフトバンクホークスの監督に就任。2021年退任までの7年間に5度の日本シリーズを制覇。2020年監督在任中ながら筑波大学大学院人間総合科学研究科体育学専攻を修了。体育学修士取得。2022年4月より同大学院博士課程に進学、スポーツ医学博士取得に向け研究や検診活動を行う。

仕事の傍ら農作業、DIYに勤しみ、子供たちの未来を見つめ、手作り球場や遊びの場を作る活動も行っている。

プロ野球の監督は中間管理職である

2024年6月30日　初版第1刷発行
2024年8月30日　　　第2刷発行

著　者——工藤 公康

発行者——張 士洛
発行所——日本能率協会マネジメントセンター
〒103-6009 東京都中央区日本橋2-7-1　東京日本橋タワー
TEL 03(6362)4339(編集)／03(6362)4558(販売)
FAX 03(3272)8127(編集・販売)
https://www.jmam.co.jp/

編集協力——前田浩弥
装丁・本文デザイン——萩原弦一郎(256)
図　　版——有限会社北路社
写　　真——松本健太郎
D　T　P——株式会社キャップス
印 刷 所——シナノ書籍印刷株式会社
製 本 所——ナショナル製本協同組合

ISBN 978-4-8005-9242-2　C2034
落丁・乱丁はおとりかえします。
PRINTED IN JAPAN